ストーリーで語る
強い会社の創り方

株式会社ラック代表取締役社長
柴山文夫
Shibayama Fumio

致知出版社

ピンチはチャンス　人生はドラマ　～はしがきにかえて～

私は平成二十三年四月二十二日で七十歳の古稀となりました。なんだか遠くに来てしまった思いです。ビジネス人生も四十四年目を終えようとしています。創業した会社で、他の職場を知らず、冠婚葬祭ビジネスに染まった日々を重ねて今日を迎えているのです。

それで、この長いストーリーを振り返っての感想は、「人生に正解はあるの？」ということです。学生時代の私は、「ルールを破って楽しむ」ような好奇心の持ち主でした。社会正義に燃えて、不正を憎む純粋な青年でもありました。だからいつも、「なぜ？」「どうして？」という仮想の中に埋没する文学青年でもありました。だからこそ、「社会の方程式」「人生の方程式」たる正解を求めていたのでしょう。でも結局、見つけることができませんでした。

いつも、私はピンチが似合う男でした。それは挑戦する魂が荒ぶれていたからです。

私の人生のストーリーを精査してみますと、ピンチが必然的にやってきて、私の精神や肉体をもてあそんでくれました。困難、苦難が交互にやってきては、工夫と努力を強いたのです。

そんなこんなの私が「ピンチでパニック」にならなかったのは、父や母の陰徳、祖先の愛情のおかげがあったことと、深く感謝しています。「会社を強くしたい」という強烈な願望も幾多の経営上のピンチからの発想でした。

そして、いつもピンチから「学び」続けているうちに、ひとつの方程式が姿を現してくれました。ピンチで悩んでいる時には実に多くの「助け人」が現れて、物心両面の助力・援助を与えていただきました。感謝でいっぱいです。経営のビジネスモデル創りに悩んでいる時には、その都度すばらしいメンターが現れてはご指導してくれました。実に私は幸福者だと思っています。

いま、私の人生のストーリーを考えてみますと、「人生が常にピンチを迎えているという状態」は一見最悪のように思えます。けれど、このような状態こそが、人生を過ごす上で理想的な状態であったことが理解できます。すなわち、どのような人生を過ごしてみても、そこには必ずリスクが潜んでいるのですから、ピンチに怯《ひる》む閑はないのです。「強い会社創り」もまた同様のことです。
私はいま決心しています。これからも、賞味期限切れの人生を歩むつもりはありません。常に会社を進化させ、国家や社会に貢献を続けたいと思っています。
私の強い思いを「ストーリーで語る強い会社の創り方」というテーマで本にする企画にご協力・ご助力くださった致知出版社の藤尾秀昭社長、小鶴知子氏、高井真人氏に深く感謝申し上げます。
平成二十三年八月
株式会社ラック
代表取締役社長　柴山　文夫

ストーリーで語る強い会社の創り方

目次

プロローグ

第一章　質の高い会社とは何か

第二章

現場力が会社を強くする

第三章

若手社員コーチングでこんなに会社が強くなる

第四章　式場稼働率日本一を生み出すブライダルマーケティング

第五章　新しい葬儀ビジネスとマーケティング

エピローグ

装幀――村橋雅之／本文デザイン――奈良有望／編集協力――坂本俊夫

プロローグ

苦難の中で知った一つの詩

私は、昭和十六年四月二十二日、熊本にて生を受け、小、中、高校は熊本で過ごしました。二年の浪人後、福岡大学法学部法律学科へ進学。大学を卒業した私は、大学院法学研究科の試験に挑戦。親の反対がありましたが、合格して進学しました。昭和四十一年のことです。それから私のピンチとチャンスの人生が始まりました。

父との約束で、学費は自分で稼ぐことにしたので大変でした。小学校の夜警のアルバイト、家庭教師、学習塾経営と苦学の時が続き、「貧乏のつらさ、金のないことのつらさ」を嫌というほど思い知らされました。

修士論文を執筆していた大学院二年の時のことです。小学校の夜警を終えて二輪車（五〇CCのカブ号）で帰宅途中に、駐車中のワゴン車が突然発進してUターンし、側を抜けようとした私と激突。病院のベッドの中で気づいた私は、右頭部に十五針の手術キズを残す重傷であることを知らされました。入院は四か月。留年のピンチです。後遺症を恐れた私は、学問研究の道を捨てる決心をしました。

交通事故の後遺症を恐れながら、まだウジウジと修士論文のことを考えていた時、友人が週刊誌を持ってきました。その中に「冠婚葬祭互助システムのビジネスが将来有望である」という記事がありました。私は、その将来性を直感し、「求めていた希望の星はこれだ」とばかりに、会社づくりに奔走。コネも金もないため、冠婚葬祭と関係する写真屋、美容院経営者、博多帯経営者などに働きかけ、どうにか資本金五百万円を集め、私も三十万円を借りて出資、発起人代表となって会社を設立しました。二十六歳の時です。

この時の会社のコンセプトは次のように考えました。

一、人から後ろ指をさされない事業をすること。
二、努力すれば大きくなる事業をすること。
三、大衆を相手とする事業をすること。
四、未開拓、新分野の事業であること。
五、前受金の取れる事業であること。
六、多くの人から支持される事業であること。

私は学業が残っていたので、非常勤取締役としてのスタートで、初代の社長は同業他社より独立した人でした。その後、常勤となり、昭和五十年、まだ三十二歳でしたが、全株主の推薦があって代表取締役社長に就任しました。

私は、志を高く必死に仕事をしました。しかし、この年の暮れ、関連の子会社で手形詐欺事件が発生。一億数千万円です。子会社の常務と詐欺師グループが仕掛けたものでした。子会社の社長も兼務していた私は、社長就任一年目にして退任を決意。私も詐欺師グループの一人だとあらぬ疑いをかけられ、すべてが潔白だと証明されても、社員たちの目は白いものでした。当時プランニングしていた結婚会館建設の夢も砕け散ってしまいました。

私は自宅で一年の浪人生活を余儀なくされました。収入もなく子供二人の将来を考えると暗い日々が続きました。辛い悲しい一年でした。この時、次の詩を思い出して悲しんだものでした。

プロローグ

神の慮り

大きなことを成し遂げるために、
力を与えてほしい、と神に求めたのに、
謙虚さを学ぶようにと、
弱さを授かった。

より偉大なことができるようにと、
健康を求めたのに、
より良きことができるようにと、
病弱を与えられた。

幸せになろうとして、
富を求めたのに、
賢明であるようにと、

貧困を授かった。

世の人々の賞賛を得ようとして、
成功を求めたのに、
得意にならないようにと、
失敗を授かった。

人生を享楽しようと、
あらゆるものを求めたのに、
あらゆることを喜べるようにと、
生命を授かった。
求めたものは一つとして与えられなかったが、
願いはすべて聞き届けられた。
神の意にそわぬ者であるにもかかわらず、
心の中で言い表せないものは、すべて叶えられた。

プロローグ

私はあらゆる人の中で、
もっとも豊かに祝福されたのだ。

後で知ったことですが、この詩はニューヨーク大学付属のリハビリテーションセンターのロビーの壁にかけてある、ある患者の詩でした。「人生の困難や逆境を乗り越えようと闘うことがないなら、自分の良さが最大限に引き出せない。人は試練を経て、力強く成長していく」という意味です。私は、ここで「生きるには目的がいる」ことを悟りました。

そんな時、伊藤肇著の『人間学』（ＰＨＰ文庫）を読み、救われる思いがしました。この中に、「実業家が実業家として成功するためには、三つの体験をしなければならない。その一つ目は長い浪人生活だ。その二つ目は長い投獄生活だ。その三つ目は長い闘病生活だ。浪人になると、自分の非力を否応なく自覚させられるから、自然と人間も謙虚になる。その中にあっても、ヤセ我慢でもいいからプライドを維持できるようだったらかなりのものだ」と書いてありました。

安岡正篤の「自己向上の原則」

浪人生活も十か月を過ぎた頃、同業他社から専務や社長で来てくれないかとの誘いがあり、家族を養わなければならないこともあって、他社へ行くことを決心。会社の役員、株主たちに他社で仕事を開始する旨を告げたところ、それまで冷淡だった人たちが急に変化し、会社に復帰してくれとの打診がありました。会社のグループで協同組合を作るので、そこの理事長として仕事をとのことでした。体裁はよいのですが、私が作った会社への復帰の門が開いたわけではありませんでした。

それでも私は、浪人中に考えていた会社の改造、総合結婚会館建設をテーマに仕事に再び取り組み、「会館建設」、「サービス向上」、「会員倍増」を合言葉に、社員たちの熱い協力もあって、昭和五十三年の秋、福岡市内の一番店、総合結婚会館「まいづる苑」をオープンさせました。

「まいづる苑」を建設して、会社復帰の免罪符を手に入れたつもりの私でしたが、依然としてグループ協同組合の理事長でしかなく、個々の会社には社長がいて、私は取締役としての存在でしかありませんでした。あれほど熱く燃えて会館建設のために協力した役員、株主たちも、夢が成るとよそよそしいものでした。剛腕で活動家の私は何かとうるさい存在だったのでしょう。会社復帰を期待した私でしたが、裏切られた思いでした。

それで、従来から再建の話があった株式会社大分互助センター（現ラック大分）の社長を引き受けることにしました。昭和五十四年のことです。実務復帰で意気込んで単身乗り込んだ私でしたが、大分の会社はオールナッシングの状態でした。ただ社員たちのヤル気だけが救いでした。結婚ブームが続いていた時でしたから、福岡同様、結婚会館建設を意図しました。資金不足の中、建設用地だけは何とか確保できる状況でした。

大分に行ってまず私が行ったことは、一泊の社員研修でした。テーマはナポレオン・ヒルの『成功哲学』（きこ書房）の学びでした。彼の著作を全社員で学びました。ナポレオン・ヒルの『成功哲学』の詩句は、今も私の脳裏に残っています。

人は考えたとおりの人間になる

もしあなたが負けると考えるのなら
あなたは負ける
もしあなたがもうダメだと考えるなら
あなたはダメになる
もしあなたが勝ちたいと思う心の片隅でムリだと考えるなら
あなたは絶対に勝てない
もしあなたが失敗すると考えるなら
あなたは失敗する
世の中を見てみろ
最後まで成功を願いつづけた人だけが成功しているではないか
すべては「人の心」が決めるのだ
もしあなたが勝てると考えるなら
あなたは勝つ
向上したい、自信を持ちたいと、もしあなたがそう願いなら
あなたはそのとおりの人になる

プロローグ

さあ再出発だ
強い人が勝つとは限らない
すばしこい人が勝つとは限らない
「私はできる」、そう考えている人が結局は勝つのだ

『成功哲学』　ナポレオン・ヒル著

私は結婚会館建設計画を作り、社員全員に「結婚会館建設についての夢」という題の作文を書かせました。そして、全社員の作文集を作り、それを持って銀行へ出向き、銀行の重役をくどきました。重役は、私の情熱に負けたのか、社員たちの作文に感動したのか、約七億円の融資が実現。こうして、昭和五十八年七月、大分の総合結婚会館「パルスファイブ」がオープンし、大分で一番店に成長しました。

社員の当時の作文集は今も「パルスファイブ」の神殿の奥に保管されています。私は、日々、新郎新婦の方々に手を合わされている幸福な作文集です。私は、「パルスファイブ」の建設に当たって一年間の禁酒を断行。私のこの決意を知って、「コーヒー断

ち」、「お茶断ち」といったことを全社員が実行していることを知り、涙が出ました。

このような社員たちのためならば命は惜しくないと感じたものです。

この当時のことを、社内報を見て振り返ってみます。

「青春」という名の詩
ラックグループ二〇〇二年——あなたは青春する（社内報二〇〇二年一月号より）

私は、「青春」という名の詩を大事に胸に秘しながら、人生を歩んでいます。この詩の持つ雰囲気、人間の魂をゆるがす感動の語句の数々に、常々「勇気」をもらっています。私が、残る人生を元気で、また人間としての尊厳を失わず生きてゆけるとすれば、その全てはこの「詩」の恩恵にあると思っています。

私は、この詩句を口ずさむ時、大分の「パルスファイブ」のオープン一周年記念式典のことを、すぐに思い浮かべます。そして涙が出てきます。あの時の印象はそれほど強烈なものでした。

もう二十年前ものことです。私が人生のうちで一番輝いていた時の一つです。

プロローグ

福岡で総合結婚式場「まいづる苑」を竣工にした昭和五十五年、またぞろ内紛の臭いが社内にただよいました。寄せ集めの集団指導体制だったわが社の経営陣は、ともすれば他人の足を引っ張ろうと考える人が存在していました。経営のカジ取りは難しいものでした。内紛に嫌悪感をもった私は、福岡の会社を辞して大分互助センター（現ラック大分）の社長に就任しました。昭和五十五年の二月のことでした。

大分での初仕事は、幹部の心を集約することでした。幹部といっても若いチンピラみたいなもので、荒けずりの、人間としては未成熟な人々でした。それでも若さとヤル気は十分の人たちでした。二月十九日、湯布院の東邦生命の研修所での合宿でのことでした。この時、私は日本の今日を築いた明治の若者たちの話をしたことを記憶しています。司馬遼太郎の作品『坂の上の雲』の主人公、秋山真之《さねゆき》、秋山好古《よしふる》、正岡子規を通じて書かれた新生日本の青春の息吹《いぶき》を伝えた本のことを……。

昭和四十五年頃にこの作品を知って、これが会社創りの情熱だと理解したのです。小さな創業したばかりの明治という日本と会社をダブらせて、組織づくりを意図したのでした。この『坂の上の雲』だけでなく、当時司馬遼太郎の作品のことや、明治維新に活躍した若者群の狂気（高杉晋作、坂本龍馬、河井継之助、大村益次郎《ますじろう》など）を語って、大分の幹部に「狂え」と教えたものでした。同時にナポレオン・ヒルの『成功哲学』も学んだものでした。

この合宿研修から三年、大分市城崎三丁目に「パルスファイブ」として約千坪の小さな結婚式場が誕生しました。旭相互銀行（現在の南日本銀行）の融資を受けてのパルスファイブの誕生でしたが、これには数々の秘話がありました。当時百五十組しか結婚式を斡旋《あっせん》していなかった会社は、五百組が採算分岐点の事業計画を作りました。それに加えて、全社員に書かせた作文集を一緒に添えての銀行訪問でした。社員の作文集には、社員たちの会館建設に対する想いが綴られていました。社員たちの「想い」を熱っぽく銀行の常務さんや融資担当の部長さんに語った私でしたが、成算は全然ありませんでした。結果として、七億の融資を受けての「パルスファイブ」のオープンでした。社員たちはまた、新規の挙式を獲得するために、大分の全世帯を訪問しての営業活動でしたから、さまざまなエピソードが後日開陳されて大爆笑でした。

パルスファイブのオープンには、一般の招待者のパーティの前に、社員とその家族に感謝することから始めました。この時、さだまさしの詩で「防人《さきもり》の歌」という音楽をバックに挨拶をしました。この時の挨拶のテーマがまさに『坂の上の雲』のことでした。明治という日本国家に生きる若者たちと、大分互助センター（現在のラック大分）の社員たちをダブらせての挨拶でした。

パーティ会場は、静寂でした。私が経験したこともない沈黙の世界でした。数百人のパーティ参加者の目が私に注がれていることを意識しました。私は二月十九日の合宿研修時に幹部社員から辞表を預かっていました。「狂気」で仕事をしようと誓った幹部たちの辞表を、会場内でやぶり捨てるのがテーマの一つでした。私はスピーチを終えて、幹部たちの名前を読み上げて、破ってゆきました。八枚の辞表の中で一枚だけ、パーティに出席していない幹部社員がいました。当時の経理課長さんでした。パーティ会場には、彼が常時使っていた回転椅子が出席していました。このことをスピーチした時、会場のあちこちに感動のススリ泣きが流れていました。私もすごく感動したものでした。

そんなこんなで、パルスファイブはオープン以来一年間で五百三十七組の挙式を達成していました。以来十年間、毎年増加一途で六百組をこなす大分の地域一番店に成長しました。

そして、迎えた一年後の創立式典です。わたしたちは、例によって「愛とロマンと情熱」という社友歌を斉唱していました。

私のスピーチの後は、来賓として佐藤組の佐藤淳之助社長の挨拶でした。私は社長の挨拶で新しい運命の出会いを知ったのです。佐藤社長はサミュエル・ウルマンの「詩」を引用しながらの挨拶でした。

「青春とは人生の或る時期を言うのではなく、心の様相を言うのだ。優れた創造力、逞しき意志、炎ゆる情熱、怯懦《きょうだ》を却《しりぞ》ける勇猛心、安易を振り捨てる冒険心、こういう様相を青春と言うのだ」――詩句の一つひとつが胸に響いて、深い感動におそわれました。

この詩を知りたい。すべての詩句をそらんじてみたい。激しい衝動が私をおそいました。数日後、書店で「青春」の詩句探しを始めました。やっと、松下幸之助の『折々の記』（ＰＨＰ研究所）の中にサミュエル・ウルマンの「青春」の詩句の冒頭が載っているのを見つけました。でも、すべてではありませんでした。「青春」の詩句が知りたい。私の好奇心が高鳴りました。福岡青年会議所の後輩で「りーぶる天神」という書店を経営している都渡という友人がいましたので、彼に依頼しました。「青春」の詩句を探してくれ、と。後日ＰＨＰからサミュエル・ウルマンの詩句が届きました。英文と和文の両方でした。その詩句は思ったとおりで、感動するものでした。

この詩句は、「モノ、カネ、ヒト」の時代から清新な「心の様相の時代こそが重要である」と示唆しているものでした。優れた創造力、逞しき意識、炎ゆる情熱、冒険心、勇猛心といった若々しい迫力が「青春」ということ。この「心の力」の象徴こそが、新しい時代を生きる、大きな夢の中で生きる、二十一世紀の展望の中で生きることだということに深い感動を覚えました。まさに、「夢みることをやめたとき、その人の青春は終る」です。

サミュエル・ウルマンはドイツ生まれのユダヤ系アメリカ人です。詩人で事業家でした。この詩句のすごさは、第一行のセンテンスにあると思います。「青春とは人生の或る時期を言うのではなく、心の様相を言うのだ」というこのセンテンスで「青春とは何か」という作者の意図を見事に表現しています。私はこの詩と出会うまで、「青春とは何か」を考えたことがありませんでした。つまり、「青春」とは二十代の甘ったるい、未熟な若い世代としか考えていませんでした。ですが、この一行のセンテンスで、年齢の問題でなく「心の様相」だということを知らされたのです。すごいと思いました。

この「青春の詩」は、「生命を持った詩」なのです。

私は、この詩を知って以来、「青春する心」を会社の精神として、掲げました。

この頃、福岡ではグループの経営者同士の内紛が起き、私も立場上これに巻き込まれてしまいました。街宣車が走り回り、監督官庁にはお目玉をいただきました。内紛の最大の原因は、会社創業時から絶対の権力者、資本者が存在しなかったことです。物事がうまく行っている時はよいのですが、「船頭多くして船山に上る」のことわざのとおり、船の進路に迷いが生じていたのです。

内紛が収束してほどなく、私は福岡の会社の社長として復帰。私はこの時期、安岡正篤《まさひろ》の著作に親しみ「人間学」を修める努力をしました。そうしないと会社がおかしくなると感じたのです。特に、安岡正篤の「自己向上の原則」には、次のことを学びました。

一、瞑想の時を持つこと。
二、常に学び知識を増やすこと。寸陰《すんいん》を惜しむこと。
三、志を明確に持つこと。愛読書、座右の書を持つこと。
四、無私に徹すること。
五、感動・感謝の人になること。
六、良き尊師、良き友を持つこと。

この六つの原則を胸に、私は狂ったように会社の再建に努力しました。

また、経営者の人生観として身につけていなければならない資質というものを松下幸之助の著作から学びました。

一、「使命感」、悟りのない仕事はしない。
二、無私、トップの醜い態はすぐに見破られる。
三、詩人（ロマン）人間の器量は余裕。

四、現実処理能力が全て。

内紛、労働争議を乗り越えて

人間は、一度は麻疹《はしか》をやって免疫体質を作らねばなりません。これは人間が避けて通れない関門です。企業にも必ず通らねばならない企業の麻疹というものがあります。「赤字」、「脱税摘発」、「深刻な労働争議」、「お家騒動」などです。私が体験したのは「赤字」、「深刻な労働争議」、「お家騒動」でした。

福岡へ復帰し、質の高い会社作りをするために大胆な革命を断行していた昭和六十二年のことです。大分の関連会社の一つに家具会社があり、この会社の専務に手形詐欺をされました。私の監督が甘かったのです。一億三千万円の実害でした。

この問題はメイン銀行の支援もあって、早々に処理できました。しかし、その処理策をめぐり、役員間、株主間に深刻な経営上の対立が生じ、私はこの会社の株を三十%しか持っておらず、社長退任を迫られました。

そこで私は第三者割当の株式を発行。これによって安定株主を出現させ事態を収束することができ、後日この株式も私が譲渡を受け、九割を越える株式を保有することになり、会社の内紛の火種はなくすことができました。

ところが、これで終わったわけではありませんでした。退任した取締役（私と立場を異にする役員、株主）のもとで組合が結成され、深刻な労働争議へと発展していったのです。

この頃、社員のモラルは最低となり、売上は半減。組合との間では毎日団体交渉の繰り返しでした。左翼の弁護士による組合の支援もあって、交渉事は苦渋に満ちたものでしたが、私は「理は我にあり」といった気概に満ちていました。それでも家にいて一人で考え込むと弱気の虫が出てきて、悲しくなった時は風呂に入って思い切り大声を出して泣きました。それで気分は治まり、また、女房の三鈴にも随分励まされました。組合とは、十年間緊張関係が続きましたが、この組合も平成八年に解散。以来良好な労使関係が構築され、今日に至っています。

「お家騒動」や「労働争議」はどのような時に起こるのかというと、必ず次のような前触れがあります。

一、売上と借金のバランスが崩れた時。
二、有力社員が確たる理由もなく辞めた時。
三、経営者に日頃見られぬ不自然な行動が見られた時。
四、まじめな経営者がウソを言うようになった時。
五、「あそこは危ない」という世間の噂が出た時。
六、経営者が派手に遊びはじめた時。
七、新商品が売れなくなった時。
八、努力しても赤字が続く時。
九、経営者の夫婦仲が悪くなった時。
十、社員が暗く笑顔が見られなくなった時。
十一、経営者がサラ金に手を出した時。
十二、無理な資金計画を銀行に提出した時。
十三、粉飾決算書を作成しはじめた時。
十四、経営者が過信、高慢に陥った時。
十五、経営者が自分ひとりで取引を始めた時。

「お家騒動」は治まっても、私には会社を再建する責任が残されていました。天は私を「お家騒動」の勝者にしてくれましたが、これは私に「会社再建の困難を与え、社員たちとその家族を救え」と命じられたものと理解しました。

私は、会社再建は「破壊と創造」がテーマだと思いました。

そのためにまず決心したことは、「まいづる苑」の土地、建物の売却です。「進む時は担がれて進め、退く時は自ら決心せよ」といったことわざがありますが、まさに退却の決心でした。日本経済（バブル経済）の一番のピークだった昭和六十三年十二月二十八日（株価が一番高かった日）に売却。業界では、わが社の「お家騒動」を隣家の火事のように面白く見ている人もいて、私のこの行為を見て非難轟々《ごうごう》でした。まだまだバブル経済は華やかな頃でしたから、私の「まいづる苑」売却行為が馬鹿な行為に映ったのでしょう。私は他人の悪口を気にしないことにしました。

実は、この「まいづる苑」売却に至るまでの私の思考には二つの伏線がありました。一つは、『窪園秀志の八方破れのアイデア人生』（赤羽紀元・著／朝日出版社）という本から得た教示でした。もう一つは、『「バカな」と「なるほど」』（吉原英樹・著／同文舘出版）という本によってマーケティングの真髄を得たことでした。

前者には「金儲けするには、捨てる三つの執着心がある」と書いてありました。それは、①土地に対する執着心、②地域に対する執着心、③職業に対する執着心というものでした。私は、この本による教示によって、執着心を捨て、自分の城たる「まいづる苑」を売却したのです。結果として、もとは四億円だったのが五十四億円に化けました。この資金で借入金を全額返済し、余裕資金で、坪二千万円の土地（千坪）を借り、そこに総合結婚会館「リッツファイブ」を建設。地価二百億円の土地の借地でした。ほかに、貸衣裳店「レイジーシンデレラ」、本社ビルも建設しました。

後者の本には、「経営で成功するためには、『バカな』と言われる差別性と『なるほど』と言われる合理性が必要である」と書かれていました。成功する戦略である差別性と合理性をこれで学んだのです。

後にバブル経済が破綻。地価二百億円の土地の地主が破産し、銀行の不良債権処理として外資に移ったこの土地を、七億五千万円で購入することができました。建設から十二年後のことですが、幸運だったといえるでしょう。

ここで私が考える「運の法則」について紹介しておきます。私は若い時にたくさんの司馬遼太郎の著作を読みました。作品に登場する英雄たちを通して運の法則を知ったのです。

運の法則――運を呼び寄せること

一、運は独断の人を去って、果断（思い切って決心する）の人にくる。
二、運は頑固な人を去って、自信の人にくる。
三、運は酒に溺るる人を去って、酒に狂わぬ人にくる。
四、運は女に迷わぬ人を去って、女に優しき人にくる。
五、運はへりくつを言う人を去って、道理（ものごとの筋道）を解る人にくる。
六、運は躁急《そうきゅう》（気が短く、いらだつこと）の人を去って、勇往（ためらわず前進すること）の人にくる。
七、運は肩先の勇気の人を去って、腹底の勇気の人にくる。
八、運は心の動く人を去って、才智（心の働くこと、才気と知恵）の動く人にくる。
九、運は己に寛大な人を去って、人に寛大な人にくる。

十、運は自棄を起す人を去って、憤を発する人にくる。
十一、運は人を怨《うら》む人を去って、人を愛する人にくる。
十二、運は自ら侮る人を去って、分を守る人にくる。
十三、運は欲の多き人を去って、欲の大なる人にくる。
十四、運は傍観する人を去って、奮闘する人にくる。

以上の私のピンチの人生で学んだことは、次のようなものでした。

一、ピンチの時は、積極的に、肯定的に、プラス思考で陽転思考で臨むこと。
二、ピンチの時は、自分の人生の夢は何だったか？　自分のロマンは何だったか？　自分の希望は何だったか？　を点検し、確認し、反復すること。
三、ピンチとは、人生のテーマをしっかりと確立していれば、これをチャンスに転化できるということ。
四、ピンチの時は、「人を大きく育ててくれる」、「人の器量を成長させてくれる」、「抵抗力のある人間に育ててくれる」と思うこと。

五、ピンチは逃げずに挑んでいけば、チャンスの姿に変わるということ。

メンターとの出会い

伊藤肇著『現代の帝王学』（プレジデント社）には、上に立つ者が身につけておくこととして、①原理原則を考えてくれる師を持つこと、②直言してくれる側近を持つこと、③良き幕僚（パーソナルアドバイザー）を持つことが示されています。

「人生は出会った人で決まる」と私は実感しています。

京セラの創業者・稲盛和夫氏との出会いで私の人生が変わりました。まさに、すばらしい出会いによって、すばらしい人生が与えられることを実感したのです。「精神的に富む人」との出会い、「人格や教養」、そして「思想や哲学」など精神分野の豊かな人に接することが、成功への道だとつくづく思います。

平成三年の夏のことでした。福岡青年会議所時代の友人、八頭司正典君（盛和塾福岡のメンバー）が「盛和塾福岡を創らないか」と誘ってくれました。早速、京都へ行き稲盛氏の面接を受けました。この時、稲盛氏は次のように語られました。

日本の将来のためには、中小企業の経営者がしっかりしなければならない。政治家や役人、学校の先生ではできない。日々、経営の実務の問題解決を担当し、従業員とその家族の生活を背負っている中小企業の経営者がしっかりしなければならない。責任を背負い、自身の汗と涙と血を流しながら、本当に苦労している真の経営者こそ明日の日本を支え得るのだ。こうして創造される日本の知恵と富が、世界の平和に貢献することになる。経営者が自己を高めるということは、まさに日本のみならず、世界の将来のためにも重要な意味を持っている。

私は身がすくむ思いがしました。社内の紛争ばかりに目をこらしていた私に、別世界の経営観が立ちふさがったのです。

さらに次のように熱っぽく語られました。

経営者の皆さんが魂の浄化や純化をするためには、一所懸命働くこと、すなわち修行することです。つまり経営の場における六つの精進を行うことです。仏教の言葉で精進というと、「精を出す」、「一所懸命努力する」という意味ですが、経営の場では「世の為、人の為に尽くす」ということです。そのためには次の努力が必要です。

一、誰にも負けない努力をする。
二、謙虚にして驕《おご》らず。
三、反省のある毎日を送る。
四、生きていることに感謝する。
五、善行・利他行を積む。
六、感性的な悩みをしない。

どの言葉も私にとっては新鮮でした。企業は、生き残るためにどうしても競争しなければなりません。それは仕方のないことですが、それだけではまっとうな企業の在り方とは言えません。「世の為、人の為」に、つまり、社会に、社員に貢献するという大切な役割があるということを強く認識しました。

また、稲盛氏はリーダー論として次のような言葉も与えてくれました。

リーダーたる人間は『論語』にあるように、偽りがあってはならないし、利己的であってはならないし、わがままであってはならないし、驕りの心があってはならない。簡単にいえば、リーダーたる人間には、「私」はなく、人格高潔な人でなくてはならないとの教えでした。

私は会社創業以来の数多い内紛、労働争議の原点を見直す思いで、悲しく泣いてしまいました。そして、会社の再建のデザインが固まった思いがしました。

私は八頭司正典氏、浅井美行氏、善高志氏らと計り、盛和塾福岡を創設しました。初代の代表世話人は八頭司正典氏、浅井美行氏と私でした。それ以来（平成四年）新しい学びが始まりました。盛和塾での学びが深まるにつれて、組合との関係もよいものになり、やがて組合解散となったのです。すべての紛争の原因は私にあったのかもしれないと深く反省しました。

その後も稲盛氏からの学びは続きました。そして、多くの書物を読んでいた私ですが、概念でしか経営をとらえていない自分自身が情けなくなりました。

稲盛氏はこうも語られました。

今、社長がなすべきことは何か。それは絶対に赤字を出さない経営をすることです。よいことはすぐにやりなさい。明確な経営のモノサシを持ちなさい。それには、バランスシート、損益計算書、売上と利益が大切です。社員と心を合わせなさい。元気の出る経営をしなさい。すべての社員を結集しなさい。

稲盛氏の話のすべてが気づきであり、新鮮なものでした。こうして、私は稲盛哲学から社長の基本的な仕事を理解することができたのです。

①社長の基本的な仕事は「経営理念を決め、企業に命を吹きこむこと」。
②社長の基本的な仕事は「経営戦略を決め、実行すること」。
③社長の基本的な仕事は「適正利益を確保すること」。
④社長の基本的な仕事は「組織を活性化させること」。
⑤社長の基本的な仕事は「学習と成長の仕組みを作ること」。

この五つがそれです。

また、私が、稲盛氏のお話を聞き、著作類を読むことで得た経営の示唆の最大のものが、「天から課せられた使命としての社長業を営め」ということでした。

私は、これを「思う存分に社長人生を堪能《たんのう》し、悔いのない人生を送れ」と理解しました。役員たちや株主たちとの抗争、組合との対立といった状況を繰り返してきた私自身には、社長人生を楽しむという発想はありませんでした。この教えで気分が非常に楽になりました。

稲盛氏のほかの「師匠」では、マーケティングの真髄を学ばせていただいた神田昌典氏、小阪裕司氏がいます。私はこれら人々と出会い、彼らから学び、彼らの真似をし、自分の事業に合わせて、独自のビジネスモデルを創造していきました。これらの人々との出会いがなかったら、今日の私の経営哲学も経営手法もラックという会社もなかったでしょう。

人は最初から何もかもできるわけではありません。参考になる経営者、人、あるいは店があったら、まずそこから学ぶことです。そして、真似をすることです。そのようにして、先人の教えを自分のものにし、自分のビジネスモデルを創っていけばよいのです。まさに出会いから独自のビジネスモデルができると言うことができるでしょう。

稲盛和夫氏の「心の経営システム」、神田昌典氏、小阪裕司氏のマーケティング

私が学んだことについて、もう少し触れておきましょう。稲盛氏の「心の経営システム」と神田昌典氏の「感情マーケティング」、小阪裕司氏の「ワクワク系マーケティング」には大変お世話になりました。

稲盛氏が創業された京セラは、創業されてから半世紀の間、一度も赤字を出さず、利益を上げ続けている企業です。激しい企業間競争に勝ち抜いて利益を上げ続けています。さらに、従業員の物心両面の幸福を同時に追求する「仕組み」を展開中です。

京セラの企業経営が他の企業と異なる点は、「人間として何が正しいか」というフィロソフィを経営のベースに置いていることです。米国流の利益至上主義ではないことです。私たちは、「従業員の幸福と企業の競争力を両立させる経営とは何か」を稲盛氏から学び続けています。最近読んだ本で青山敦・著『京セラ稲盛和夫――心の経営システム』（日刊工業新聞社）にも同様の表現があって心を強くしました。

京セラ経営の最も凄みのあるところは、フィロソフィ・価値観を唱えるだけではなく、経営に反映していることです。それと同時に、企業の競争力を極限までに引き出す精密な経営システムを構築していることです。その核心は、「心」という概念を経営の中心に置いたことです。それによって、従業員の心の動きを企業の競争力と結びつけ、フィロソフィ・価値観を経営に反映させました。そして、その結果として「従業員の物心両面の幸福」を達成しているのです。

実は私は、稲盛氏からの「学び」から、後に述べる「若手社員コーチング」を発想し、実践し、今日に至っています。ありがたいことだと、日々感謝しています。

京セラの経営システムでは、経営理念、リーダーシップ、経営管理、組織運営、評価制度、人事教育制度、企業文化などがバラバラではなく、相互補充のシステムとして精密機械のように組み合わされているように見えます。京セラの心の経営が「持続可能な幸福社会の礎《いしずえ》であること」がよく理解できるのです。

次に神田氏からの「学び」ですが、私は十年前、当時カリスマ・マーケッターと称されていた神田昌典氏の弟子となり、マーケティングを学びました。当時私は六十歳で神田昌典氏は三十代の青年でした。これには伏線がありました。スペンサー・ジョンソンの著作『チーズはどこへ消えた?』（扶桑社）を読んで、「マーケティングを哲学として経営に入れるべきだ」と思ったからです。

私が神田昌典氏を知ったのは、『あなたの会社が９０日で儲かる』（フォレスト出版）という一冊の本でした。ピンクの表紙は衝撃的でした。彼のエモーショナルマーケティングに心酔しました。私は狂ったように彼の著作を読み、彼が主催するゼミナールの追っかけとなりました。

一、マーケティングを哲学として経営に取り入れる

スペンサー・ジョンソンの著作『チーズはどこへ消えた?』には随分といろいろなことを教わりました。この物語に登場するのはネズミのスニッフとスカリー、小人のヘムとホーです。二匹と二人は、「迷路」の中に住み、「チーズ」を探します。「チーズ」とは、私たちが人生に求めるものです。つまり、仕事、家族、財産、健康、精神的な安定……等々の象徴です。「迷路」とはチーズを求める場所のことです。つまり、会社、地域社会、家庭、職場等々の象徴です。

『チーズはどこへ消えた?』は、ある迷路で起こった出来事をめぐる物語です。私たちは、皆自分にとってのチーズを心に抱いており、それが手に入れば幸せになると信じています。そして追い求めます。手に入るとそれに執着しますし、なくしたり、奪われたりすると大きなショックを受けます。

この物語では、ネズミたちは単純なものの見方をするために、変化に直面した時うまく対処します。小人のほうは複雑な頭脳と人間らしい感情のために物事を複雑にします。しかし、ネズミでも、人間の場合でも、すべてが、目論見《もくろみ》がしばしばはずれるという現実を知ることになるのです。「チーズ」はいつか消えてなくなるといった現実を、です。

プロローグ

この著作の巻頭に、A・J・クローニンの詩が紹介してあります。人生の大事なことを気づかせるものです。

人生は、自由に何のじゃまものもなく歩めるような、
まっすぐで楽な廊下ではなく、
通る者にとっては迷路で、
自分で道をみつけねばならず、
道に迷い、わけがわからなくなり、ときには
袋小路につきあたることもある。
しかし、信念があれば、かならずや道は開ける。
思っていたような道ではないかもしれないが、
やがてはよかったとわかる道が。

この一見シンプルな物語には、状況の急激な変化にいかに対応すべきかを説いた深い内容がこめられているのが理解できます。そこで、人生でも企業活動でも「マーケ

ティングを哲学として」生かすことが求められるのです。

企業活動の論点でとらえてみましょう。マーケティングは、「お客様が何を必要とし、何を欲しがっているのかを知ること」です。お客様のニーズ、ウォンツに合わないものはどのような商品であっても売れることはありません。ですから市場が何を求め、何を望んでいるのかを分析して、商品やサービスを提供することが大事です。この顧客中心の考えた方が「マーケティング・コンセプト」です。

何を作り、いくらにするか、どこで売るか、お客様は満足するかといったことを考えることがマーケティングです。お客様に最大限の価値を与えることがマーケティングの目的です。ですから、マーケティングを効果的に実践するには、マーケティングを哲学として経営に取り入れる必要があります。

お客様を見ずに、競争相手ばかり気にしていれば、企業はやがて行き詰まることになります。ライバルの影ばかり追って消費者のニーズに応えることを忘れてしまったら、どんな大きな会社といえども生き残ることはできません。「お客様に喜んで欲しい、楽しんで欲しい」と願う心がマーケティングの根本です。私たちはお客様に喜んでもらうことを生き甲斐として、一生懸命仕事に打ち込まなければならないと考えたのです。今、企業を取り巻く環境は著しく変化しています。あらゆる産業でグローバル化が進んでいます。一方、一般消費者のニーズは多様化し、個性化しています。つまり、これまでのやり方では通用しない時代になったのです。

会社は長期にわたって利益を上げ続けることが大きな目的です。利益が上がるということは、私たち流で言えば結婚式やお葬式で大繁盛しているということです。お客様からは「良い会社だから、もっとビジネスを続けてください。会社をどんどん大きくして、もっとサービスをしてより多くの人々をハッピーにして下さい」というシグナルを送ってくれているわけです。

成熟期にあるブライダルマーケットやフューネラルマーケットにあって、これからの経営の舵取りは大変難しいものだと自覚しています。私は、自社の得意とする分野を徹底的に追及することによって、わが社独自のオンリーワンを創ることを考えています。決して、新しい未知の分野に手を出すことだけは行わないことを鉄則にしています。

私は戦略的コンセプトを定めた上で戦略的事業計画を策定しています。この事業計画には二つの考え方を持っています。一つは「より良くする」こと、そして二つ目は「他社と違うことをする」ことです。「より良くする」ことは、結婚式、葬儀式といったマーケットの中で、品質を高め、コストを下げ、顧客サービスをより細かにすることです。「他社と違うことをする」とは、これまでなかった商品を開発する、業界の常識を破るといった発想の転換を意味します。

二、「感情マーケティング」が会社の基本

会社の経営方針の基本として、エモーショナル・マーケティングを採用しています。お客様の感情を刺激して、反応を誘発させる方法です。このマーケティングの手法は、実践マーケッターの神田昌典氏のものです。神田昌典氏は、「集客」という行為は予測可能でコントロールできるメカニズムで科学であると断言します。お客様は「好き嫌い」といった感情で判断するものですから、ある感情を動かすスイッチを押すことが重要なのです。そうすると、お客様は機械のように予想された行動をとることになります。

神田昌典氏はいいます。「ビジネスは、実に単純なものだ」と。①まず、見込客を費用効果的に集めること。②その見込客を成約して、既存客にすること。③その既存客に繰り返し買ってもらい、固定客にすることです。どのようなビジネスでも、お客様がいればビジネスは立ち上がるものです。この順番を逆にしては、大変苦労します。これは真理です。

「売込みをしない」営業の確立こそ、ビジネスの基本です。そのキーワードこそ神田昌典氏のエモーション（感情）からのスタートなのです。

商品や品質で集客力が決まるのではありません。お客様の感情をコントロールすることでビジネスがアップするのです。広告の表現を変えることで、広告が勝手に仕事をして何倍もの電話を鳴らしてくれます。エモーショナル・マーケティングとは、「お客様がお店を探しアプローチをしてくれる」非常識を実現する設計図なのです。

さてお客様を導くための設計図にはポイントがあります。まず、広告宣伝では、商品を売ることではなく、興味のある人を集めることに徹底することです。商品を販売するというアプローチから、商品を買う傾向のある見込客を募集するというアプローチに変更すると、重要な変化が起こり始めます。つまり「いますぐ客」だけでなく

「そのうち客」も集り始まるのです。「そのうち客」は次のビジネスチャンスの芽ですから特に大事なことは言うまでもありません。「そのうち客」を集めるには商品を直接的に販売するのではなく、その商品を購買する可能性の高い見込客を募集することです。この見込客を募集することで効率的なのが、情報ツールです。つまり、小冊子をさしあげること、刺激的なタイトルでアプローチします。

「小さな結婚式を望んでいるあなたへ。無料ガイドブック進呈中。先着五十名様、書店では売っておりません。詳しくは、二十四時間無料録音テープ案内で」。

「まちがいだらけの結婚式場選び、知らないではすまされない七つのポイント」

「ウェディングドレス選びで成功する人、失敗する人、その紙一重の差とは？」

情報ツールの活用は、お客様とお店との人間関係を根本的に変えることになります。そして、自動的に成約のプロセスを歩み始めるのです。

といった具合に、神田昌典氏からはエモーショナルマーケティングを学びました。

私は、私のビジネスで「学び」を実践し、成果を得たのです。

三、「お客に惚れられる会社」創りが私の使命

「ワクワク系マーケティング」の小阪裕司氏からも多くのことを学びました。現在も彼の実践会の会員です。時々彼の主催するセミナーに参加しては学びを深めています。彼からの学びについては次のようなものでした。

私たちのビジネスは、「ひと」を相手にしています。「ひと」が動いて会社（「リッツファイブ」、「レイジーシンデレラ」、各斎場などのお店）に来て、商品やサービスを買ってくれます。全てのビジネスというのは「ひと」を相手にしているのです。「ひと」にフォーカスして、儲けの仕組みを作らなければならないのです。フォーカスとは、焦点を合わせるといった意味です。つまり、「ひとにフォーカスする」、「ひとを見ること」、「ひとに焦点を合わせる」、「ひとの気持ちをつかむ」、「ひとの感情を動かす」ことでビジネスを成立させるのです。

マーケティングの実践の目的は、「ひと」にフォーカスして儲かる仕組み＝ビジネスモデルを作ることです（小阪裕司氏の著作によります）。そのカギとなるものは、「お客様をワクワクさせること」です。

お客は常にワクワクを待っているし、探しているのです。今、百貨店の売上が低迷していますが、昔は物を買うことがワクワクだったのです。

戦後（一九四五年）はずっと「物を買うことが豊か」という価値観でした。昭和三十年代から四十年代にかけての日本は、「モノを買うこと」が心の豊かさだったのです。ワクワクだったのです。

今の「ひと」の最大の関心事は、「時間をいかにワクワクと過ごせるか」ということです。単なるモノやサービスにはあまり関心はありません。今、「ひと」はワクワクを食べたいと熱望しているのです。この意味ではブライダル産業はピッタリです。

ワクワクという感情には三つの要素がある（小阪裕司氏）といわれています。つまり①気づきがある、②ジーンとくる、③スカッとすることです。

「気づき」とは、「生活が楽しくなった」、「元気になった」、「発見があった」、「ためになった」、「悩みが解決した」、「新たなヒントが得られた」といった感情です。「ジーンとくる」とは、「胸が熱くなる」、「目頭が熱くなる」といった感情です。「スカッとする」とは、「気分が晴れる」、「ウサが晴れる」、「嫌なことは忘れる」、「思わず笑える」といった感情です。お客様はこの三つを求めて、ワクワクに出会える店へ毎日でも行きたくなるのです。私は小阪裕司氏の教えから「ワクワクする感動的な店を作り、そこで、お客様に小さな感動やワクワクを生じさせ」、ビジネスを成功させたいと考えたのです。ワクワク系結婚式場の誕生です。

ラックグループの全社員で「ワクワクする気分」を作ったのです。お客様が「ワクワクを得たい」欲求の解決策に気づくのを待つものでも、お客のニーズに対応するものでもありません。私たちは「ワクワク」を作ったのです。「儲かる仕組み作り」とは、ワクワクを作ることだと理解し実践したのです。

「ワクワク体験」を売るためには、三つの掟があると小阪裕司氏は教えます。一つ目の掟は、「編集する」、二つ目の掟は「演出する」、三つ目の掟は「表現する」ということです。

まずは「編集する」ということから始めます。彼女とデートすることを考えてみます。「彼女をワクワクさせるためには、どうしたらいいか」と男たちは考えてます。まず「デートコース」を考え、ネタを探します。「待ち合わせ場所、遊園地、映画館、レストラン、プレゼント」等などのパーツを考えます。パーツが沢山ある中から組み合わせて「ワクワクする体験」を作ることになります。

つまり、「ひと」を喜ばせるために何をしたらよいかを考えること、これが「編集する」ことです。お店でいえば「あそこへ行けば何かある」、「行って心地良い」、「気づく前に教えてくれる」。だから感動と感謝があるのです。ワクワクがあるのです。

お客様をワクワクさせるためには、「演出」をリッツファイブは実践しています。お客様が店に入って、一時をすごす。そして何かを買って帰る。何かのサービスを受けて帰る。その一連の体験をより積極的に演出しているのです。まず、入口やバンケットの外観が非常に重要です。店に入ったお客様に対しても「ワクワクする体験」を得てもらうために、お店を整えるのです。お店を舞台だと考えて積極的に舞台演出するのです。お店は「ライブ」の場所なのです。まず目に入るところの演出です。細かなところの演出が大事です。「ちょっとしたPOPが書いてある」とか、「毎日お花が替えてある」とかいったものです。手を抜いてはいけません。BGMも大事です。照明も大事。曜日を決めてローソクだけで演出してみたら、どんなになるでしょうか。「リッツファイブ」のフロントを意識的に暗くして、ローソクの火が照っています。クリスタルグラスに大きな氷（これにウイスキー、バーボンです）。BGMはジャズ。

さて、ワクワク系の感動創りは、美しいセンスの良い店づくりではないのです。センスが良くて、きれいにすることではなくて、「ワクワクする体験」を得てもらうために、きちんとした店に整えることです。「ワクワクする体験」を得てもらうための最も適した演出をすることです。

三つ目の掟は「表現する」です。「ワクワクする体験」を商品として売るために、編集し、お店での体験とその舞台を演出します。次いで表現しなければなりません。直感的に、わかりやすくイメージできるように表現してあげなければなりません。その場合、商品の機能を表現するのではなく、メッセージを伝えるのです。

ワクワク系マーケティングの目的は、あくまでも「儲けの仕組み作り」にあります。「ワクワクする体験」を作って売ることで「この仕組み作り」が完結することではありません。ですから、一度お客様になった「ひと」を一生付き合っていく顧客に作り変えるのです。顧客の信者化です。

お客様は、①お店のことを忘れる、②お店に飽きる、③お店を卒業するといった理由で去って行きます。ですから、顧客を永遠のファンにするために「忘れさせない」、

「飽きさせない」、「卒業させない」を実践するのです。

お客に「忘れさせない」ために三日以内に印象づけをすること。さらに二十一日以内に印象を決定づけること。まずは、すぐにサンキューレターを出すことです。字は汚くても手書きです。ポイントは三日以内に出すことです。二十一日以内の典型的なアプローチは「思いがけないプレゼント」というものです。「思いがけない」がミソですから「秘密」にすることが重要です。秘密でないと感動が生まれません。この「思いがけない」が感動を呼ぶのです。これをやるとお客様の流出が減ります。口コミ、紹介率が上がります。

さらに継続的な人間関係を築くためのアクションとしてニューズレターがあります。一般的な会報です。ニューズレターはセールスレターではありません。ニューズレターの目的は人間関係を築き上げることであってセールスすることではありません。

リッツファイブのニューズレターはＲＩＴＺ ＴＩＭＥＳです。

お客様を「飽きさせる」ということは、お店や販促に変化が無いことを意味します。変化をつける簡単な方法は、例えば「商品の場所」を変えること、「商品のＰＯＰ」の表現を変えたりする、「目新しさ」があることなど、工夫することです。ブライダルや衣裳の展示会といったイベントでも、この「目新しさ」が必要です。レイジーシンデレラが毎年実施している春と秋のファッションショーがこれにあたります。私たちには普通のことでも、お客様にとっては未知の「ワクワクする体験」となるのです。この「ひと」を飽きさせないポイントは「意外性、偶発性、そして不意打ち」です。二十一日目にお客様の所へ「バラの花束」を持って行く作戦を考えたとします。この「バラの花束」をもらった人は、この意外性に感動を呼び起こされるのです。

さて、「卒業させない」ためにどうするかです。基本的には、得意客だけのアプローチ、ファンだけのアプローチを用意しておくということです。私が考え出したことは、例えば「レイジーシンデレラ」でウエディングドレスを借りた人に、子供が誕生したら、日本国家大賞という賞状とプレゼントをさしあげるというもの。二人目、三人目と誕生があれば賞とプレゼントはレベルアップします。これでは卒業できません。子供は七五三、成人式と育ってゆくのですから。つまり、「忘れさせない」、「飽きさせない」ということをおさえておけば、トライアル客からリピート客あたりまでひとひねりということになります。

神田昌典氏、小阪裕司氏から学んだマーケティングの実践例が、後述する私のマーケティングの数々です。この二人には感謝いっぱいです。

第一章

質の高い会社とは何か

優良企業の運営構成バランス

この章では質の高い、優良企業の条件について考えてみましょう。

私が社長を務める株式会社ラックは福岡県福岡市に本社を置き、冠婚葬祭ビジネスを展開しています。具体的には、結婚式場、貸衣裳店、葬儀斎場、葬儀店、美容店などを経営しています。設立は昭和四十二年十二月。少子化で逆風が吹く中、売上高は毎年増加し、現在約五十一億五千万円の年商があります。今年度（平成二十三年度）は売上高五十三億五千万円にチャレンジ中です。

わが社の結婚式場「リッツファイブ」には三つの披露宴会場があり、平成二十二年の実績では施行組数が六百二十七組。一つの披露宴会場で年間約二百七組の式を手がけていて、これは日本一の稼働率です。施行組数トップの椿山荘は、十六の披露宴会場で二千三百組で、一会場あたり百四十三組。一つの披露宴会場で年間二百の施行組数を超えているのはわが社のみです（矢野経済研究所調べ）。それだけ効率のよい事業を展開しているということであり、大きい会社ではありませんが、力のある会社となっていると自負しています。

このような会社にするには、会社運営上のバランスがしっかりと保たれていなければなりません。それは、戦略要因、人的要因、管理要因の三つのバランスです。このことを教えてくれたのは、産能大学経営学部教授の宮田矢八郎氏です。

戦略要因には、商品戦略とマーケティング戦略があります。

一、商品戦略

この戦略のポイントは、会社というものは環境適応業であるということです。つまり、世の変化に対応した商品戦略、それを予測した商品戦略をとらないと、会社は成り立たないということなのです。

そのためには、次の点が大切となります。

①商品のライフサイクルを知る。
②顧客の動向・流行を知る。
③人口動態を知る。

④客層を選ぶ・お客を知る。
⑤魅力的な提案を作り、提案する。
⑥今後の商品は何かを知る。

二、マーケティング戦略

商売の仕組みを作ることです。それには次の五点が大切です。

①集客の仕組み作り。
②集客は広告・会員募集・口コミ・リピート。
③販売の仕組み作り。
④経営手法・経営思想。
⑤経営理念を商品に練り込む。

以上が戦略要因のポイントです。
人的要因には、社長の資質と経営理念の存在、社員教育があります。
経営理念は第一の商品であり、これがしっかりしていなければ会社はブレてしまいます。また、社員教育は強い現場力を作る上で何よりも大切です。わが社では「若手社員コーチング」を十七年間実施していて、成果を上げています。これについては後に詳しく述べましょう。

管理要因には、財務管理、組織管理、法律遵守があります。

このうち組織管理では、いかに楽しく仕事をさせるかということが大切となります。わが社では、たとえば、夏祭りやクリスマスパーティなどを大学祭のノリで行っていますが、単なる遊びで終わらせるのではなく、計画、動員、実施、決算という、事業を行う上で必要なことを、遊びを通じて学ばせるようにしています。

以上の三つの要因がバランスよく働いてこそ、優秀な企業ができると私は考えます。いかにすばらしい経営理念があっても、いかにすばらしい社員がいても、戦略要因である商品戦略とマーケティング戦略がしっかりとしていなければ、会社は成り立ちません。商品やサービスが競合よりも劣っていたり、魅力のないものであったり、時代遅れのものであったりしたら、収益はまったく得られないのです。また、いかにすばらしい商品やサービスであっても客の集め方、売り方、つまりマーケティングが下手だったら、消費者にその魅力を訴えることはできず、宝の持ち腐れになってしまいます。

ここで特に神田昌典氏から学んだ商品のライフサイクルが重要ですから、特に強調しておきます。

神田昌典氏は、「発生期から成長期までの期間が、成長期から成熟期までの期間と等しいと教えてくれます。成長期は同業者が多く参入した時を言います。

たとえば冠婚葬祭互助会といったビジネスモデルは、発生期が昭和23年、成長期は昭和47年の改正割販法が成立した時期、この時同業者の七〇パーセントが参入してます。この間25年が成熟期までの期間です。その後は衰退期です（『60分間・企業ダントツ化プロジェクト』神田昌典・著、ダイヤモンド社）。

強い会社を支えるビジョン・ミッション

しかし、いかにすばらしい商品やサービスがあり、いかにすばらしいマーケティング戦略があっても、会社を支え、方向づける経営理念、つまり、ビジョン・ミッションがなければ、強い会社は創れません。

ビジョン・ミッションは経営者が作り出すものですが、今の会社は社会的責任を果たすことが求められていますから、社員がその会社で働くことによって、どう社会に貢献できるかを明確にしたものでなければなりません。会社を動かすのは利益追求ではなく、ビジョン・ミッションなのです。同時に、社員がそのビジョン・ミッションのもとで働くことによって社会との一体感を持てるものでなければなりません。そのためには世の中の流れに合ったビジョン・ミッションである必要があります。ただし、経営者自身がワクワクするようなものでなければ、社員をワクワクさせることはできないでしょう。

もっとも、どれほど立派なビジョン・ミッションでも、社員に浸透しなければまったく意味がありません。ですから、ビジョン・ミッションを社員と共有するような努力をしなければなりません。

私は、稲盛和夫氏の、次の経営十二か条の教えなどに接して、「経営理念は経営者の悟りである」と理解することができました。経営者の悟りとしての経営理念、ビジョン・ミッションというものがあるから、社員をリードすることができる、と頭ではなく身体で理解することができたのです。

一、事業の目的を明確にする。
二、具体的な目標を立てる、その成就を強烈に思い続ける。
三、強烈な願望を心に抱く。
四、誰にも負けない努力をする。
五、売上を最大限に、投資を最小限に。
六、値決めは経営の根本なり。
七、経営は経営者の意志力で決まる。
八、燃える闘魂。
九、勇気を持って事にあたる。
十、常に創造的に仕事を行う。
十一、思いやりの心で誠実に。
十二、常に明るく前向きで、夢と希望を抱いて、素直な心で経営する。

これがその十二か条です。

会社の寿命

人間は生まれ落ちた時から死への旅を始めます。企業もまた創業と同時にいつの日か衰亡の危機に直面する宿命を負わされています。その「いつの日か」は決して遠い未来の日ではありません。これを実証したのが「日経ビジネス」です。昭和五十九年の著作『会社の寿命』（日本経済新聞社）によると、「日本のトップ企業100社」の過去百年間の変遷を調べた結果、企業が繁栄を極め、優良企業グループ入りできる期間は平均二・五回、つまり一期十年として三十年足らずということが分かりました。

つまり、企業に寿命があること、企業が成長段階から成熟、そして衰退期を迎えるライフサイクルは何もせずに放っておく限り、三十年程度に過ぎないということが判明しました。

しかし、今、時代の頂点に立ち、あるいは時代の先端を走る企業を見ると、その将来は一点の曇りもないように見えます。またそうでなければ先端を走ることも、頂点に立つこともできないのです。一昔前の鉄鋼高炉メーカーが、そして二昔前の繊維メーカーがその典型でした。これらの日本産業の発展の主力となった企業群のその後の足取りは明解でした。同じ運命が今をときめく自動車産業やエレクトニクス産業、あるいはＩＴ産業の前途に待ち受けていないとは誰にも言えないのです（実際、アメリカの自動車業界は倒産が相次ぎました。トップのトヨタも赤字転落でした）。

私たちは現在の常識、判断や行動の方法、基準といったものから離れて、自由に将来を予測することはできません。ですから現在安定しているものは将来もまた安定していると信じ込みがちです。しかし、その発想を疑ってみる必要があるのです。歴史は実に残酷です。

それではいったい、企業はどのようにすれば生き延びることができるか、です。どのような産業も隆盛の頂点を極めれば衰退に向かう宿命を免れることはできません。この波に漂い流されているだけでは、企業もまた、いずれは衰退の運命をたどることは必定です。個々の企業が企業として寿命を永らえ、新しい生命を獲得するためには、時代の波に押し流されて寿命を終えないうちに、新しい波に乗り換えるべく、新しい船出をしなければなりません。それには企業の寿命が燃え尽きてからでは遅いのです。

冠婚葬祭互助会もこの寿命の例外ではないのです（現在、冠婚葬祭互助会というビジネスモデルは衰退期です）。

このような厳しい時代に企業や経営者に求められる条件というものはいったいどのようなものでしょうか。ここで考えてみたいと思います。

一、まず先見性を持ったリーダーの存在が不可欠です。リーダーの先見性と鋭い判断がなくて企業が時代を超えて生き残ることは不可能です（強力なリーダーシップ）。

二、新時代に対応するにはまず社風の一新こそ不可欠です。社風は企業の個性です。これは一朝一夕に築きあげられるものではありません。簡単に変え得るものでもありません。それだけにリーダーの信念、事業哲学が組織の骨の髄にまで浸み透った時、すさまじいエネルギーを生み出す力になるものです（社員の意思を徹底改革）。

三、「寄らば大樹の陰」といった安逸な姿勢に走ってはいけません。このもたらす病弊は深刻です。やがて自らの「寿命」を縮める結果を招くことになります。現状維持は退歩でしかないのです。企業には進化の発想が大事です。このことは冠婚葬祭互助会も例外ではありません。すぐそこに「冬の時代」が迫っています。このことに気づいて、進化を始めることです（変身が不可欠）。

四、「将来の発展に資する健全な赤字部門を持つこと」も必要です。「全部門が黒字になったら後は下り坂ばかりだ。将来展望がない」という経営ポリシーを持つべきです。（成長業種を見極める）。

時代の変化や産業の栄枯盛衰を乗り越えて、企業が生き延びるための最大のポイントは、人間集団を運営する技術を持つことです。企業は雇用を生み出す公器であると同時に、全構成員の運命共同体です。ですから、いつも全員参加の経営を目指さなければなりません。この考えを持ち続ける限り、企業は永遠の存在となれるはずです。

企業には必ず寿命があります。少数の事業にこだわり、しがみついていればそう遠くない将来に事業は衰退し、それにしたがって企業は没落します。限りある企業の寿命を伸ばす唯一最大の方法は「変身」です。

まず、企業変身というものは、現在の事業が傾いてからでは遅きに失することは幾多の事例が証明しています。

またどのような分野に活路を求め、何をやるのかも重要なポイントです。この見極めを誤れば、会社は取り返しのつかない厳しい局面に立たされることになります。企業変身といっても、ただ新しいことをやればいいという訳でもありません。

デフレ経済の今日、厳しい地殻変動が進む今日、企業の将来を託された経営者の危機感は特に強まっているといえましょう。日経ビジネスが会社の寿命三十年説を昭和五十九年に発表し、産業人に圧倒的な共感を得たのは、このような背景があったからです。

会社は病気になる――治療薬はフィロソフィ

会社と人間の身体はよく似ています。人間の身体を維持するためには、脳、心臓、肺、腸、骨などが関連して機能しなければなりません。しかも、それぞれが健全に働いていなければならないのです。会社も同じです。販売、生産、技術、財務、総務などの部門が互いの関連性に十分配慮する必要があります。会社全体が、人間の体のようなものであり、人間が病気にかかるように、会社も病気にかかります。それに気がつかないでいると、会社も人間と同様、確実に死（倒産）に至ります。「死に至る病」はできるだけ早く見つけて、根を断ち切るようにしたいものです。

会社の病根は、様々なところに潜んでいます。そうした隠れた病根を日々の活動の中でつかみ、治療していかなければなりません。自分の会社がどんな病気にかかっているのかをよく自覚し、的確に手を打っていけば会社の寿命は延びるものです。

では、会社はどのような病気にかかるのでしょうか。

一、「経営者無能力病」（会社の脳病）

人間の脳は、大脳、小脳、脳幹から成り立っています。この脳は、いわば司会部と参謀本部を兼ねるもので、五臓六腑に様々な指令を送る役割を持っています。脳の働きは、人間の行為を決めるところにあります。この脳の役割を企業経営にあてはめると、脳は経営者そのものに該当し、経営方針の在り方が重要となります。この部分の病が「経営者無能力病」です。

二、社内の混乱につながる「管理制度失調病」（会社の神経病）

人間の神経系は求心系（手足の先の末梢《まっしょう》から脳に伝える系統）と遠心系（受けた様々な信号を統合して脳から末端の方へ働く系統）があります。これらの神経系に障害が起こると、信号の断絶状態が生じます。神経障害が起こると、通常の生活が営めないことになります。

企業経営においては、現場の様々な現象を的確に中枢部に知らせ、中枢部からは、その送られてきた信号に基づいて様々な指示が適切になされなければなりません。

企業経営においては、情報、報告、指示、命令、事務処理などを包含する管理制度が、この人体の神経系に相当します。会社の経営方針が正しく伝達されなければ、健全な経営体とは言えないのです。

三、会社の死に直結する「資金不整脈病」（会社の心臓病）

心臓の役割は全身から流れてくる血液を受け入れて、それをまた全身へ押し出すことです。血液の役割は、体内組織に酸素や栄養分を補給して、その代謝を助け、また代謝物や炭酸ガスを腎臓や肺から排泄することです。このように、人間が生きていくために不可欠な血液を身体全身のすみずみにまで送り届けるポンプが心臓です。そして、この心臓は、血液を全身に送り届けるだけでなく、その血液自体を浄化します。

心臓の役割を企業経営でとらえてみると、資金が該当します。企業活動を継続して維持発展させるためには、そこにお金が必要です。お金の循環が途絶えた時、つまり「資金不整脈病」にかかった時、企業は倒産します。

四、自由な活動を妨げる「慢性組織膠着病」（会社の骨格病）

骨格は人間の身体を支え、内臓を包み込んで保護するという重要な機能を持っています。特に背骨はS字状の支柱として、重要な臓器を支えています。その支持力と安定性の根幹になっているのが、骨関節、椎間板《ついかんばん》、じん帯、そして腹筋と背骨です。人間の身体は、この背骨を中心に作りあげられています。同時に骨は、この背骨を中心に、筋肉と一体化して人間が様々な動作をするための基本的な働きをしているのです。

企業における骨格に相当するものは業務組織といえます。

企業経営はただ単に人が集まったからといってできるものではありません。骨格がちょうど内臓を包んで保護しているのと同じように、様々な人を何らかの枠の中に包含しなければなりません。その枠が組織です。

企業活動において組織が思いどおりに動かないために生ずる様々な症状が「慢性組織膠着《こうちゃく》病」であり、この病気には組織変革を放置して現行の組織形態に固執する「組織偏執症」と、改革ばかり実施していて中毒になっている「組織改革中毒症」などがあります。

五、非効率な経営が生む「収益機能低下病」（会社の胃腸症）

胃には消化の働きがありますが、食べた物のすべてを胃が消化するものでもありません。食物の三大栄養である糖分、脂肪、たん白質のうち、胃での消化はたんぱく質だけです。それも胃で完全に吸収されるのではなく、腸でも吸収されます。糖分と脂肪は、胃において軟らかくされ、腸で吸収されます。このように胃腸は食物から栄養を取り出し、それを消化する役割を持っているのです。もし胃腸の機能が低下すれば、栄養分の吸収が阻害されるので、当然体力が消耗されます。

企業経営の眼目は、「ヒト」、「モノ」、「カネ」の経営資源を最も効果的に用いて、収益をあげることです。企業経営で胃腸に相当するものは、収益構造にあるといえます。

経営活動が効果的に行われない状況は胃腸の消化不良にあたりますし、収益が悪い状況は、栄養（収益）の吸収不良の状態にあるわけです。ですから、胃腸症に相当する企業経営の病気は「収益機能低下病」です。

六、会社を弱体化させる「収益構造虚弱病」（会社の肝臓病）

肝臓は黙々と働きます。この肝臓が冒されると、体は大きな打撃を受けることになります。肝臓は栄養を人間の体に必要な形に変える働きをしています。ブドウ糖をグリコーゲンに変えて貯えたり、アミノ酸を材料にして様々なたんぱく質を作ったりする一大化学工場のような働きをしているのです。肝臓にはこうした化学工場的役割と、栄養の蓄積場的働きと解毒作業とがあります。腸からは有害なものも吸収されていますから、これを無毒なものにしたり、あるいは尿として排泄されやすいようにしたり、胆汁を作り、腸に送って消化の作用を助けたりします。肝臓は五百種類以上の異なった働きを行っているといわれますが、まずは蓄積、配分、促進の役割があると理解しましょう。

肝臓の働きを一般企業経営においてみると、「経営活動を行うことで得た収益を蓄積し、その蓄積を必要な機関に配分し、さらに収益の確保・増強を促進して、再び蓄積をする」という「収益の循環活動」に相当します。ここに問題が起きるのが「収益構造虚弱病」であり、

このような形でお金のストックが減少すると、企業の抵抗力を奪っていきます。そして、本来ならばたいしたことのないような打撃が致命傷となり、企業は生命を絶たれるのです。

七、新陳代謝できない「役員会機能慢性麻痺病」（会社の腎臓病）

腎臓の働きは、尿を作って排泄することにあります。なぜ尿が作られるかというと、体液、血液、組織細胞の中にある液をもっとよい状態に調節するためです。

腎臓には腎動脈から血液が送り込まれ、腎臓の中を一巡し、腎静脈から送り出されていきます。また腎臓から尿管が出て、尿が膀胱に送り込まれるようになっています。

腎臓の中には「糸まり」があってこれがろ過器の役目をします。つまり、廃品回収し、尿として排泄するのです。腎臓病にかかると、このろ過が失われますので生命を落とすことになるのです。

企業経営における腎臓病は、正常な経営を阻害するものが除去されないことを意味します。つまり、ろ過機能ができない状態です。企業経営では取締役会が腎臓にあたります。この取締役会が正常に機能しないと、「ヒト」、「モノ」、「カネ」、「情報」、「運営」の面で問題が起こり、それが改善されないと、いずれ会社は倒産します。

八、「ヒト」の士気をそぐ「業務改善阻害病」（会社の肺病）

肺は右と左とにあります。右はさらに、上葉、中葉、下葉の三つに分かれています。左は上葉と下葉の二つに分かれています。そこに気管支と血管が右と左に分かれてつながっています。これらの気管支や血管は先に行くほど細くなり、一番末端では、一ミクロンから二、三ミクロンという細さです。その末端を肺胞と言っています。

この肺胞は小さな袋で、その片側に気管支から分かれてきた細い管があります。この袋の反対側には血管がついています。この袋の中で片側から入ってくる血液が、ガス交換を行うのです。空気の中の酸素が血液のほうに移り、血液の中のよごれた炭素ガスが空気に移っていくのです。肺の病気は、空気と血液のガス交換が正常に行われなくなる状態です。結果として健全な身体を維持できなくなります。

企業経営の肺病について考えてみます。これは、業務の改善や業務推進が円滑に運用されない状態をいいます。この状態を「業務改善阻害病」と言います。

企業経営は「ヒト」、「モノ」、「カネ」から成り立っています。このバランスが崩れた時に企業は倒産します。このバランスが崩れる兆候はまず、「ヒト」の面から表れます。「ヒト」の動き方が円滑さを欠くのには次のような様々な原因があります。

①社員の人間関係がおもわしくない。
②労働条件に問題がある（賃金、勤務時間など）。
③人事、労務管理に問題がある（教育訓練、評価制度、登用など）。
④経営方針に問題がある（経営方針がない、まちがい、周知徹底がない）。
⑤組織が不適切である（業務分担、報告書など）。
⑥社内規定、諸制度等の業務運営制度が不適切である。

まさに、企業における人的活動の停滞は企業の命取りになります。

以上のように、会社はいろいろな病気にかかり、放っておけば、会社は滅びます。ですから、これを予防することが何よりも大切となります。それには絶えず問題を明らかにしなければなりません。病気にかかっているのに気づかなければ、悪化してしまいますから、早期発見が大切です。会社では、それが問題の明確化にあたります。これを私は「見える化」（これについては第二章で詳述します）と言っています。これが一つの経営哲学であり、治療薬となるのです。会社の病気を予防・治療するには、哲学を持つことが大切なのです。

卓越した企業を創る七つの条件

卓越した企業、優良企業をつくるには、いろいろな条件があると思いますが、私は産業能率大学の宮田矢八郎教授から学んだ七つの条件が大切であると考え、実践しています。

一、利益の質を高めよ。

利益には、①コストカットや固定経費削減による利益、②安い仕入れや外注、高い生産性による利益、③製品・サービスの独自性による利益の三つがあります。「守りより攻め、攻めより独自性」の経営を志向し、「節約企業よりナンバーワン企業へ、ナンバーワン企業よりオンリーワン企業へ」を目指すのであれば、三つ目の利益を中心に考えるべきです。

二、戦略と管理の同時追求。

経営には戦略と管理という二大テーマがあります。利益を生むものが戦略、稼いだ利益を使わないのが管理です。優良企業はこの二つを同時追求しなければなりません。

三、理念が独自性を生む。

経営者のこだわり、事業への個性的な着眼点から独自性が生まれます。この経営者の「思い」が経営理念となり、利益を生み出します。

四、利益は製品・サービス・事業構想・組織づくりの独自性から生まれる。

商品・サービスの独自性、事業構想の独自性、組織の独自性の三つが利益の源泉であるということです。

五、ヒット商品が年商十億円の壁を破り、ブランド構築が年商三十億円の壁を破る。

年商十億円で日本の法人企業の十％の位置となり、三十億円で上位二％（中堅企業）の位置となります。

六、経営者は探求者たれ。

人生と事業に対する自らの視点を明瞭に持ち、事業と経済に対する洞察力を高める努力をし、独自の事業基盤を築かんとする経営者は探求者です。

私は、京セラ名誉会長の稲盛和夫氏を企業経営者として畏敬するのみならず、人生の探求者としても尊敬しています。

七、管理会計を使いこなせ。

これには、部門別業績管理・変動費・固定費分解・利益計画、中長期計画の作成、資金繰り管理、現場データ（業種固有の情報）があります。

この七つを眺めると、卓越した企業、優良企業をつくるには、独自性が大切であるということがわかります。私も冠婚葬祭ビジネスの世界で、この独自性を打ち出すことで、強い体質の会社をつくってきたと思っています。

心の経営

稲盛和夫氏からは「利益至上主義」が危機をもたらすことも学びました。この考え方では、社会を不安定にするからです。また、企業の堕落が社会に害を与えることを学びました。

個々の企業が社会の定める規範以上に高いモラル基準に従い、自発的に社会と調和した行動を取ること。これが「あるべき企業」の姿なのです。

私たちの企業活動は、価値創造を行いながら、雇用を通じて人々の生活の豊かさづくりに貢献することです。会社がその活動によって生み出す利益は「義務」なのです。これがないと社会的公器としての貢献ができないからです。

そうすると、企業間の競争こそ、イノベーションを促進し、製品やサービスを向上させ、価格の低減を実現する「善」なのです。しかし、競争に勝ちさえすればよいのではなく、社会との調和を持った競争、社会の公器としての自ら定めた企業目標実現のための競争をするということが大切です。そのような競争が「善」であるということです。前述の青山敦・著『京セラ稲盛和夫――心の経営システム』（日刊工業新聞社）で著者が強調されているのもこの点です。

また、稲盛氏は、「社格を持ちなさい」と諭《さと》されます。

「社格」を持つ企業とは、フィロソフィをベースにした企業ということです。

フィロソフィが企業に社格を与える。稲盛氏は、「どの山に登るか」が重要だとお話をされます。高い山に登るには、それだけの準備や装備がいるからです。素晴らしい社格の企業にしようとしたら、高いレベルのフィロソフィを持たなければならないわけです。

社格を持つ企業として、社会的責任を果たすためには、「価値創造能力」を極限まで高めること、従業員の力を極限まで引き出すことが重要です。このためには、どうしても社員の心と向き合う必要があります。成果主義というような単純な動機づけでは向き合うことはできません（これではモチベーションは上がりません）。やはり、経営の仕組みとしてのフィロソフィが不可欠と言えます。これは、「従業員の心の幸福を企業の究極の目標」とする京セラの心の経営が一つのサンプルです。

この心の経営を行えば、①個人の目標と企業の目標を一致させる、②経営管理の中にモチベーションアップを組み込める、③忌憚《きたん》のない指摘、指導が可能になる、④経営管理の厳しさを和らげるという効果をもたらすことになります。

私たちの企業の使命は三つです。①社会性の追求、②教育性の追求、③収益性の追求です。

社会性の追求は、社会に貢献すること。教育性の追求は、社員を教育して人材を輩出することです。「善」としての競争をしつつ、社会貢献と社員の幸福を実現する――これが企業の使命だというのが、稲盛氏の教えであり、京セラで実践していることです。そして、私がラックで実現しようとしていることなのです。

それはオンリーワンへの旅をするということです。

冠婚葬祭互助システムは、昭和二十三年横須賀に誕生しました。昭和四十八年には割賦販売法の改正によって、法律の規制を受け、許可事業となりました。実にわが業界の七十%がこの時期に誕生いたしました（株式会社ラックの前身、西日本互助センターは昭和四十二年に創業しています）。以来六十数年の時を刻み、ブライダルマーケット、フューネラルマーケットにその存在をアピールして今日を迎えました。

全国に三百社の同業社数で前受金の総額も二兆三千億円を超えました。わが業界は、社団法人全国冠婚葬祭互助協会にたばねられ、経済産業省の行政監督下に健全に発展を遂げています。

日本経済の不透明な今日にあって、わが業界の企業規模の格差も顕著となってきました。つまり二極化現象が生じてきたのです。別な表現をすれば「一人勝ち企業」が目立ってきたとも言えます。今後、経済産業省の押し進める情報公開（サービス情報の公開、財務内容の開示）の進化に伴って、業界内ではモラルのない「仁義なき競争」が生じる可能性があります。「一人勝ち企業」はさらに優位に、さらに大きく発展することになるでしょう。残念なことですが規模の競争を求める限り仕方のないことです。ここは体力の勝負ということになるわけです。

今、ブライダルマーケット、フューネラルマーケットをマーケティング上で分析してみますと成熟期から衰退期に入っています。市場は飽和状態、過当競争の状態です。若人人口も減少の一途をたどることになります。いずれにしても、市場のパイは小さくなってゆきます。その中で「一人勝ち企業」はさらに一人勝ち現象をもたらすわけですから、マーケットでの四位、五位企業はおろか、二位、三位企業すら生き残ることが難しくなっていくでしょう。私は、このような現象を見るにつけ、悔しい思いにかられます。しかし、打つ手は無限にあると信じています。私は次の詩を知っています。

打つ手は無限（滝口長太郎・作）

すばらしい名画よりも
とてもすてきな宝石よりも
もっともっと大切なものを
私は持っている
どんな時でも
どんな苦しい場合でも
愚痴を言わない
参ったと泣きごとを言わない
何か方法はないだろうか
何か方法はあるはずだ
周囲を見回してみよう
いろんな角度から眺めてみよう
人の知恵も借りてみよう

必ず何とかなるものである
なぜなら打つ手は常に
無限であるからだ

やはり、私自身で解決策を見つけるしか方法はないのです。つまり、独自の生存領域を開拓するとか、新しい仕組みを作るとか、顧客により高い価値やサービスを提供するとかいった挑戦者としての戦略を具体的に考えることだと思っています。あのNHKの番組「プロジェクトX」の心意気です。

「一人勝ち企業」はこれからも収穫逓増《ていぞう》といったメカニズムが働き、雪だるまのようにシェアを拡大していくことになるでしょう。わが業界でもこの傾向は強いものがあります。全国各地に進出して活躍している企業の数社を考えてみれば容易に理解することができます。「一人勝ち企業」は、勝つことによって益々《ますます》、勝ちやすくなる良い循環を作っていることが多いのです。トップ企業は雪だるまのようにシェアを拡大していく結果になるのです。

それでは、私たち弱者は、ただ指をくわえて見守るしかないのでしょうか。もちろん「一人勝ち企業」の転落はめったに起こるものではありません。また、「一人勝ち企業」に挑戦して苦汁をなめたチャレンジャーも多いものです。「一人勝ち企業」にチャレンジして、その優位を覆すことは経営戦略の醍醐味《だいごみ》の一つです。アサヒビールはキリンビールにチャレンジしました。そして勝ちました。そこで少し考えてみましょう。「一人勝ち企業」も一皮むけば、実にさまざまな問題や矛盾を抱いているはずです。勝ち続けるプロセスの中で、実は「将来の転落する種」を蒔《ま》いているのです。栄枯衰退は世の習いですから、上手に挑戦すれば、「一人勝ち企業」は意外なほど脆弱さを見せるものだと私は信じています。

さて、「一人勝ち企業」が蒔いた転覆の種とは何かを考えてみます。その一つは「アンチ」という顧客の出現だと思います。トップ企業が大きなシェアを持っているときは、顧客の間に「アンチ」という気分が働きます。
「蒔かれた第二の種」は、「一人勝ち企業」の内部に忍びよる慢心と緩みの影が出てくることだと思います。「勝てば気が緩む、慢心する」ものなのです。企業の中に慢心や緩みが助長されるのは当り前のことです。ですから、「権力は腐敗する。絶対的な権力は腐敗する」のです。

「蒔かれた第三の種」は、「一人勝ち企業」が、競争相手を軽視することにあると思います。競争相手に鈍感になってしまうことです。勝ち続ければ傲慢になるというのが人間の常ですから、競争相手を見下してしまうのです。モラルのない企業も、いずれ一人相撲をとって自壊してしまうはずです。

「第四の蒔かれた種」は企業内イノベーションの抑制にあります。新しい商品、サービス、新しい試みといったイノベーションを内部に抑圧することです。勝つための取り組みを持っている良い環境をもたらすシステムを破壊しかねない改革に腰砕けになってしまうのです。しかし、勝つための仕組は永遠ではありません。技術の改革や、環境の変化によって、勝つための仕組が壊れる可能性があります。「一人勝ち企業」といえども絶対ではありません。弱みを持っているのです。

私は常々、チャレンジャーになることを心に決めています。チャレンジャーにとって最も大事なことは、「勝つための新しい仕組み」を作ることだと理解しています。

まず、「一人勝ち企業」に挑戦するための戦略を考えることから始めます。基本的には二種類の戦略が考えられます。

それには「ニッチ」を求める戦略です。「ニッチ」を求める戦略とは、「一人勝ち企業」が捨てている「小さな市場」や「余り儲からない市場」、「軽視している市場」、「勝つための仕組が機能してない市場」を見つけて、独自の存在領域を開拓するという戦略です。まだまだ、「ニッチ」のマーケットを深く研究してみたいと思っています。

第二章

現場力が会社を強くする

社員の若さが寿命を延ばす

いかなる企業でも、本業比率が七割以上を占め、さらに従業員の平均年齢が三十歳を上回った時に成長率を鈍化させ、産業界での相対的な地位を下げ始める。

という法則があります。

「社員三十歳以上、本業七割以上」は、企業がそのライフサイクルの上で発展期を終え、成熟期から衰退期に入ることを示す危険な兆候ということなのです。老衰警報が鳴っているわけで、それなのに手をこまねいて、組織の若返りを怠り、新規事業に取り組んで本業の割合を下げる努力をしなければ、その企業はやがて間違いなくその寿命を迎えるということです。

企業がその繁栄を謳歌できる期間はわずかに三十年。時代の流れの中で産業構造は変化し、その中で浮きつ沈みつするうちに、人間集団としての企業という組織もまた、成熟し、老化していく。創業時に溢れる若さと活力を誇っていたのに、知らず知らずのうちに肥大化が進み、官僚化が体内に深く定着し、変化への適応力がなくなり、そして衰退する。企業組織も、放っておけば、人間の一生と同様のライフサイクルをたどるのです。

そこで企業は、その寿命が燃え尽きないうちに、一刻も早く組織の中に新しい生命を獲得し、来るべき時代の波に乗り換えて、再び成長企業に生まれ変わらねばなりません。その目安が、従業員の平均年齢、本業比率の二点で、それが、「社員三十歳、本業七割」というものなのです。

逆に言えば、社員の平均年齢を三十歳以下に維持するとともに、本業の比率を七割以下に抑えることが、衰退に歯止めをかけ、もう一度成熟期に持っていくことを可能にするということです。

これは、別の言い方をすれば、長生きできる強い体力を持った会社を創る法則であるということでもあります。

わが社の売上構成は冠婚部門が50％、葬儀部門が50％です。この比率を維持することで会社経営は健全となります。

わが社は一つの披露宴会場当たりで日本一の稼働率があり、業績も安定して成長していますが、このような実績を上げられる原動力となっているのが、現場で働く若手社員です。現在、従業員は三百十一名（正社員二百五十名、パート・アルバイト六十一名）ですが、平均年齢は二十九歳という若さです。わが社は、この若手社員たちが存分に力を発揮できる仕組みを整えていて、それが今日の業績につながっているのです。

しかし、平均年齢を三十歳以下にするというのは、常に経験のない若い人を雇用していかなければならないのではないかという疑問も出るでしょう。そのとおりです。それが大切なのです。わが社では毎年、十五人〜二十人の大卒新入社員を採用しています。

もちろん、十年、二十年と熟練が必要な業種もあるでしょう。しかし、それはごく一部であり、一般の仕事では、一人前の仕事をするのにそれほどの時間は必要ありません。むしろ、長年同じ仕事をして慣れが生じることで、これまでこの程度で儲かってきたからという精神状態が社員の中に生じ、向上心を失い、それが組織を硬直化させ、世の変化に対応できなくなり、会社の衰退をもたらしてしまうのです。

わが社では七対三で女性が多く、三〜五年で寿退社していきます。それによって好ましい循環ができています。

せっかく一人前に育てたのに辞められたらもったいないではないかという意見もあるかと思います。しかし、決してもったいないということはありません。しっかりと教育をして、秘めた可能性を開花させてやれば、若手社員は教育にかけた時間やコストに見合った、いや、それ以上のものを会社にもたらしてくれます。そしてこの若手社員が現場を支えることで、絶えず、新鮮で、世の変化に柔軟性をもって対応できる、強い、長生きのする会社ができるのです。会社が衰退するかどうかの分岐点が「三十歳」というのは、その証拠といえるでしょう。

強い体力の会社とは経営品質の高い会社

会社を長生きさせるには強い体力・体質の会社にしなければなりません。それには、若い社員を活用することが大切な要素ですが、ここでは経営品質という面から見てみましょう。この「経営品質」という考え方は遠藤功氏の著作の多くに学びました。

これまで収益性の高い会社、儲かっている会社が強さの証《あかし》だと思われていました。一般的には株価や格付けの高さが強さの証明でした。しかし、これらは絶えず変化しています。強い会社のモノサシは時代の変化の中で変わるものではないはずです。「収益性・株価・顧客満足度・ブランド価値」というようなモノサシは、あくまで企業活動の結果であり、会社の強さを示すものではないのではないでしょうか。

トヨタや花王、セブンイレブン、ヤマト運輸などが強い会社と考えると、「強い企業」、「強い会社」とは「高い経営品質を誇る企業」だと言い換えることができそうです。目先の業績やブランド価値だけにとらわれることなく、持続的に競争優位性を構築している企業は、経営の品質、提供されるサービスの品質が極めて高いのです。それが強い会社を創り上げていると私は考えます。


それでは、経営品質とは何でしょうか。遠藤功氏の著作の「学び」から説明してみます。

それは「競争戦略の品質」、「オペレーションの品質」、「リーダーシップの品質」の三つで構成されます。

強い会社にするためには、競合他社に対して差別化と優位性を構築しなければなりませんから、他社にない独自の価値の創造が求められます。これが「競争戦略の品質」です。また、卓越した競争戦略や差別化があっても、それが実行され、結果が出なければ意味がありません。これらの戦略を効率的に、効果的に遂行する能力がなければ、「絵に描いた餅」になってしまいます。それを可能にするのが「オペレーションの品質」です。つまり、「現場力」です。経営者がビジョンを打ち出し、差別化した競争戦略を指示します。それを「オペレーションの品質」で実現することで、強い会社ができるのです。

ただし、それを遂行するには会社が一体となって取り組まなければなりません。そのためには、卓越したリーダーシップが求められます。つまり、卓越した企業の「司令塔」が必要です。このように考えると、社長の役割は極めて大きいものだと私は認識しています。

このように、会社が経営品質を高めること、「競合に負けない強い体力を持った企業づくり」を目指すということは、「競争戦略」、「オペレーション」、「リーダーシップ」の三つの品質を磨くことに他なりません。

弱い会社は、この三つのいずれかに欠陥があり、そのためになかなか結果の出ないということなのです。

勝てる戦略シナリオを作る

経営品質を高め、磨くことの第一は、合理的な競争戦略を持つことです。人口動態の変化、マーケット環境の変化、流行、潮流といったもの、あるいは顧客ニーズの変化などを見据えて、「勝てる戦略シナリオ」を描くのです。

この「勝てる戦略シナリオ」を描く場合には、顧客、競合、会社の三つの視点から身の丈に合った（会社の実状に合った）合理的なものを立案します。

ブライダルマーケットで言えば、高度成長時代のブライダルブームのように、需要と供給のバランスが右肩上がりの時代であれば、先を走る企業の模倣をしていればよかったのです。冠婚葬祭互助会というビジネスモデルもそうでした。私も先輩の冠婚互助会の模倣でした。とにかく結婚会館を建設すれば、それなりの業績を上げることができたのです。わが社は昭和五十三年に総合結婚会館「まいづる苑」をオープンさせました。昭和四十年代・五十年代には、あえて独自性や差別性がなくても若者文化の同質化現象があって、業績はよかったのです。全国に結婚会館建設ブームが起こりました。

これが一変するのは、平成五年の結婚情報誌『ゼクシィ』の創刊です。「挙式場選びは結婚情報誌で」が若者たちの文化となりました。さらに、ブライダルマーケットは成熟し、箱型の結婚会館と競合するようにハウス型のウエディング式場が誕生しました。マーケットの成熟、若者人口（結婚適齢期人口）の減少、結婚情報誌の普及などがあって、業界には競争戦略が求められるようになりました。自社の強みや経営資源を見極めた上で、他社が真似できない優位性を築くことが求められるようになり、差別化する戦略のシナリオがきわめて重要な意味を持つようになったのです。

マイケル・ポーターは、著作『競争優位の戦略』（ダイヤモンド社）の中で、「競争優位を生み出すための基本戦略は三つしかない」と言い切っています。すなはち「コスト・リーダーシップ」、「差別化」、「集中」です。

「コスト・リーダーシップ」とは、スケールメリットや効率化を追求することによって圧倒的なコスト優位性を作ることです。全国的に展開するチェーン店などは、大量に仕入れる代わりに安く仕入れるというスケールメリットを生かした形でコスト優位性を発揮しています。

また、「差別化」とは、競争相手にないユニークで絶対的な価値を徹底的に追求する戦略です。

私は「リッツファイブ」の価格戦略として、「福岡で一番リーズナブルな結婚式・披露宴」を提供することを標榜しています。これはマーケットの中でのコスト・リーダーシップを狙ったものです。

その際、ただ安いだけではお客様はついてきません。同時に品質を高めることも必要です。わが社では会館の全面改装などを随時行い、「コスト・リーダーシップ」をアピールしながら、高品質サービスを提供することにしているのです。

リーズナブルな料金体系に加えて、ハードの美化・差別化と高品質のサービスを展開するわけですから、負けることはありません。

サービスによる「差別化」という点では、たとえば、「花嫁料理教室会館」の建設を進めるなどしていて、これは、独自性、オリジナリティに軸足を置いた競争戦略と言えます。

「集中」とは、限られた経営資源の中で「優位性を構築しうる領域」に集中的に資源配分を行うことです。

ともあれ、「コスト・リーダーシップ」、「差別化」、「集中」、この三つを軸に戦略シナリオを描くことが、経営品質を高めることにつながるのです。

強い体力の会社は現場力が強い――現場こそが企業価値を生み出す主役

「ビジョン」や「競争戦略」で会社の方向性が示されます。しかし、いかに優れた競争戦略が打ち出されたとしても、それが実行されなくては意味がありません。現場レベルで戦略を戦術に落とし込めなければ、戦略は画餅に帰してしまいます。多くの場合、具体的なアクションを展開できていないのが常です。

日産自動車が経営不振に陥った時に就任したカルロス・ゴーン社長は、過去の成功体験に染まった幹部層を排除しました。若くてヤル気のある三十代・四十代前半の人材をリーダーに登用したのです。そして、明確でわかりやすい目標を設定しました。ゴーン社長は現場が持つ潜在能力を引き出し、日産ブランドを蘇らせたのです。

彼は正しい戦略を練り上げることに時間を割くのを避け、「正しく実行する」ことに知恵を出し、そこにエネルギーを集中しました。ヤマト運輸の名経営者であった故・小倉昌男氏は、「事業発展の鍵はあくまでも①努力、②人材、③経営戦略の順である」と言っています。つまり、ゴーン社長の展開した現場主義と同じです。日産は、ゴーン社長のもとでV字回復しました。

「競争戦略」、「オペレーション」、「ビジョン」の三つを三層のピラミッドとして捉える考え方が一般的です。このピラミッドを現場主義にするためには、逆ピラミッドの発想が必要となります。つまり、一般には「ビジョン」がピラミッドのトップに位置し、その下に「競争戦略」、そして底辺に「オペレーション」が来るのですが、そのピラミッドを逆さまにし、「オペレーション」が上で、下に「ビジョン」が来る発想です。

私はこの十七年間、「若手社員コーチング」というものを実施していますが、これは現場の最前線の力を高めるための方策なのです。「ビジョン」があって、「競争戦略」があっても、現場力が弱ければ、有効なオペレーションの展開ができません。「ビジョン」や「競争戦略」が担保されるためには、主役は現場と考えるべきです。「競争戦略」を実践し、成果を上げる主役はあくまで、企業におけるオペレーションを担う現場です。現場こそが企業価値を生み出す主役なのです。社長の役目は現場を下から支える存在でしかありません。

強い会社を創る条件

わが社の経営目標は、「小さな資本で大きな儲けをいかにしてあげるか」ということです。つまり、黒字経営を続けること、会社を大きくしないで、競合に負けない強い体力・体質の会社を創るということです。

私は会社を強くするにはいくつかの条件があることを知っています。まずは商品、サービスといったものが顧客から選ばれる企業であり続けることだと考えています。そして、オンリーワンになれる事業領域を見つけ、オンリーワンを追求することです。中小企業は大企業と異なり、私たちなりの、つまり、オンリーワンの強い会社創りができると信じています。

わが社では、強い会社を創る条件を次のように理解して実践しています。

一、財務バランスを戦略的に追求する。
二、会社独自の商品、サービス、ノウハウを蓄積し、また顧客情報を蓄積する。
三、顧客からの信頼、企業イメージを意識し、創り出す。
四、素早い顧客対応を実行できる組織風土作りに努力する。
五、「若手社員コーチング」などの実施により、社員が高いモチベーションを維持する。
六、後継者を育成する仕組みを作る（若い人にもチャンスが与えられる）。
七、会社のビジョンを全社員で共有する。
八、「儲かる仕組み」実現のために全社員が責任ある行動をとる。

ビジネスの世界は変化の激しいものです。変化のスピードは弱まることはありません。その激しい変化競争の中で「企業存続のために顧客に選ばれ続けること」を追求しなければなりません。私たちは変革を常態化し、変革をハードにすることで強い会社創りを続けています。

強い会社を創る現場力の三つの条件

最近のわが業界をながめていると、「勝ち組」と「負け組」とが明確になってきているように感じます。これらの格差は「オペレーション」、すなわち「現場力」にあります。強い会社は、ビジネスを展開する上で障害となる様々な問題を現場の当事者が解決し、成果を生み出しているのです。

それに対し、弱い会社は現場力が劣化しています。問題解決が遅れたり、問題を先送りしたり、ひどい場合は問題を隠したりしています。これらの会社は、いくら高邁なビジョンがあったり、合理的な競争戦略を持っていたりしても結果が出ないのは当然のことです。

では、「現場力」とは何でしょう。私は二期四年、全日本冠婚葬祭互助協会の会長職を務めました。この間に全国の同業者の状況について精査しました。そこで思うことは、みなさんとても一所懸命に仕事をこなしているという現実です。本質的に日本人は勤勉です。さぼったり、手を抜こうとしたりする現場はそう多くありません。しかし、「さぼらず、きちんと」仕事をしているから現場力が強いかというと、そう単純な話ではありません。決められた業務を確実にきちんとこなすのは現場の最低の仕事です。それをこなしているだけでは、競合他社との差別化を実現する真の「現場力」ではないのです。

「現場力」とは、次の三つの条件が揃ったものなのです。

一、決められた日常業務をきちんとこなすこと。その上で、現場で発生する様々な問題を当事者として解決すること。解決しようという強い意思を持っていること。

現場が強い意思と柔軟な頭脳と強靭な足腰を持っていなければなりません。

二、現場の一部の人間だけがこのようなマインドや能力を持っているのではなく、現場の業務に携わるすべての人間が、「現場力」の重要性を理解していること。

全員参加で現場力強化に努めていることです。

三、単なる現場の改善運動、改善活動を行うのではなく、現場力を徹底的に磨き込むこと。現場力を競合他社よりはるかに凌駕《りょうが》する優位性にまで高めていること。いや、高めようとする高い志、目標設定をしていることです。

このような三つの条件を満たす高いレベルの「現場力」は、一朝一夕に実現できるものではありません。私が十七年間「若手社員コーチング」を実施しているのは、まさにこの点にあります。

この十七年間に数々の現場の先輩たちが「磨き」込み、育ててきた風土は、冠婚葬祭マーケットでの会社の優位性を作り上げてきました。磨き込まれた「現場力」は全部署に波及し、持続的な会社の右肩上がりの売上、利益をもたらし、会社の優位性へと昇華しています。

その現場では、正しいことを正しくやり切ること、そしてさらに正しいことを正しくやり続けることが大切です。どのように経営環境が変わろうとも、常に正しいことを見定め、正しくやり続ける努力を惜しんではならないのです。この正しいこととは、ビジネスの方程式あるいは企業のビジネスルールのことです。「正しくやり切る」とは、当たり前のことを当たり前のように現場のみんなが全員できちんとやりきることです。

ここでいう「当たり前のこと」とは次のようなことです。

一、結果を出すのは自分たちだという強い思いを現場が持っていること。現場の全員が、強い自負と誇りと当事者意識を持っていることです。

二、現場が会社の戦略や方針を正しく理解・納得し、自分たちの役割をきちんと認識していること。実践していること。

三、結果を出すためには組織の壁を越えた結束・協力をし、知恵を出し合うこと。

四、結果が出るまで努力を続け、決して諦めないこと。それも誰にも負けない努力をすること。努力は決して裏切らないのです。

五、結果を出しても奢《おご》らないこと。そして、常に新たな目標に向かってチャレンジを続けること。日々進化することで人物は成長します。

「見える化」――まずは問題を顕在化する

会社経営をする上で、「問題」が全然ない会社はありません。一つの問題を解決しても、また新たな問題が発生します。コストの問題、品質の問題、スピードの問題、安全の問題、顧客満足の問題、集客の問題などなど、実に様々な問題が日常的に現場で発生しています。ですから、企業活動とは、ある意味「次々と発生する問題との格闘」であるということができます。

強い会社の強い現場は、日々起こる様々な問題に対し、自ら障害を乗り越えようとしています。現場が協力し合い主体的に問題解決を図っています。日常的に発生する問題を軽視せず、一つひとつ大切に潰していくことが、大きな問題の発生を予防したり、深刻な事態に発展することを防いだりするのです。

つまり、現場力というものは、「組織としての問題解決能力」だということなのです。

このように考えてみると、「問題を発見すること」、「問題を設定すること」がその第一歩ということができます。問題が明確でなければ解決しようがありませんから。

そこで生まれてくるコンセプトが、「見える化」というものです。「問題を見えるようにする」ことも重要です。

「現場力」を鍛え、自律的に問題解決能力を高めるためには、とにもかくにも「問題」が見えなければなりません。

人間が行動を起こすためには、自律的に物事を判断し、適切な行動をとるようにすることも重要です。だから、タイムリーに問題が「見え」なければならないのです。人間の「見える化」の元祖ともいうべきものは、トヨタの「アンドン」方式です。トヨタの「アンドン」は極めてシンプルです。そのプロセスは、①問題を知る・告知する・開示する、②個の責任による問題発見、③チームによる問題解決です。「見える化」とは、多くの人々が情報を共有することです。「見よう」という意思を共有することです。つまり、「見える化」の本質は、周囲の意思に関わらず、「目に飛び込んでくる」状態にしなければなりません。そのため、常に次のようにしておかなければなりません。

一、積極的に「悪い情報」を見ること、組織として見ること。
二、タイムリーに見ること。
三、ＰＤＣＡのサイクルを回すこと。

企業活動は「見えないこと」との戦いの連続です。経営トップが「現場が見えない」では困ります。幹部（主任、係長、課長代理、課長、副部長、部長）が「経営の意思が見えない」と困ります。末端の現場は、「日々起こる問題やその解決策が見えない」と困ります。顧客ニーズが見えないと困ります。

一方、「見えないこと」に慣れてしまうと、見えないこと自体に違和感を持たなくなります。これは大変危険な兆候です。あっという間に会社が倒産し、経営破綻してしまうからです。「見えないこと」から隠ぺい体質が生まれ、会社が腐っていくのです。ですから、会社はあらゆる意味で透明性が求められます。

私は積極的に会社の数字を公表しています。「良し悪し」の別なく社内報や会議の中で発表しています。「見える」ようにし「見せる」ようにしているのです。このことが「人を育て、企業の競争力を高めるものだ」と信じているからです。

つまり、「見える化」は一つの経営思想なのです。

わが社の十の「見える化」

わが社は、十一月に翌年のタイムスケジュールの策定を行い、一月四日に全社員に配布します。十二月の幹部納会では、一年間の反省ということで各部署の一年間を徹底的に「見える化」します。そして、翌年の事業展開に備えます。このように「見える化」を「経営思想」と位置づけ、粘り強く地道に実践を続けてきたことが今日のラックの企業風土となりました。私は透明性の高い企業風土に育ったことと、それを成し遂げた社員を誇りに思っています。

わが社で実践している「見える化」についての概要は次の通りです。

一、年間スケジュール策定——毎年十一月初旬に、翌一年間のイベントの内容・スケジュールの策定を行います。各社員には一月四日にこのスケジュール表・社員の誕生日表を配布しています。

二、クレド（会社の信条・行動指針を簡潔に記したもの）の作成と各社員への配布——年間タイムスケジュール表の策定、年間スローガンの策定を経てクレドを策定します。これは一月四日に各社員に複数枚配布します。

三、ラックグループ小冊子発行——「ラックグループ物語」です。毎年二月〜三月に会社概要、経営者の考え方などを「まとめた」冊子を発行しています。これによって社章、ロゴマーク、会社の歴史、年間行事の概要などを知ることができます。

四、社内報「あっぷるっぷる」、「宇宙船地球号乗組員柴山文夫のニューズレター」

の発行――毎月初旬に社内報「あっぷるっぷる」、毎月中旬に「宇宙船地球号乗組員柴山文夫のニューズレター」が発行されます。ニューズレターは社長・柴山文夫の毎月の行動軌跡です。これも会社の「見える化」と「柴山文夫の行動の見える化」です。

五、毎月実施されている「業績検討会議」――毎月末に開催される「業績検討会議」は、会社の業績の「見える化」です。具体的な数値によって業績の検討が行われています。問題点を可視化し、対策を指示します。

六、一年間の総合チェック「幹部納会」発表シート――幹部納会では、各部署の代表者が次の発表シートの項目に基づいて「一年間の反省・見える化」を行います。

①前年の納会で発表したテーマについての反省。
②この一年間、部下の指導をどのようにしたか。

③業務の改善点について工夫した実例について、どのようにしたか。
④この一年間の部署の目標達成（売上高、利益高、その他）はどうであったか。
結果に対して満足しているか。
⑤次年度はあなたの事業をどのように展開するか（より具体的に発表すること）。
⑥社長からの指示を達成したか。

七、「若手社員コーチング」での個人目標の数値化（「見える化」）――目標設定は、より数値化が必要です。目標は数値化することでより具体的な達成が見えてきて、成功と失敗の原因が見えてくるからです。ここで工夫された数々の実績は、わが社の伝統・風土となって共有化され、会社発展の礎となっています。

八、業界の財務指標について（業界の『見える化』）――業界のデータです。

九、婚姻数値――日本のデータです。

十、死亡者数・死亡率——日本のデータです。八、九、十のデータは、現状を認識し、これからの戦略を考える上で大切なものとなります。

このように、あらゆる角度から、あらゆる手段を使って、「見える化」を行っています。そしてトップから現場までが、現状を見て、問題を浮き彫りにし、その解決に取り組むことで、会社の体力の劣化を防ぎ、体力の向上を実現しているのです。

凡事徹底

トップから現場までが取り組んでいるもう一つのことがあります。「率先垂範」と「凡事徹底」です。「凡事徹底」とは「当たり前のことを当たり前にやる」ということです。

日本は昭和二十年、戦争に負けました。この状況下から日本人特有の「質素、倹約、勤勉」をベースに、戦後の廃墟から見事に立ち上がりました。

努力精進した結果の高度成長時代だったのですが、物質的にも金銭的にも余裕ができた各企業は、「日本の将来」に目を向けるということをせず、安易な金儲けへの道（株投資、土地投資）へと進みました。そしてバブル経済の崩壊です。

孟子の言葉に「恒産なくして恒心なし」とありますが、「恒心」がなくなって「恒産」がなくなったということになります。

その中にあっても順調に業績を伸ばしている企業群も多く存在しています。その特徴は何かといいますと、「当たり前のことを当たり前のようにやっている」、「究極のサービスを提供している」という点です。

「凡事徹底」、「当たり前のことを当たり前にやる」という言葉ですぐに思いつくのは、子供のころに教わった「生きるためのルール」のことです。充実した人生を送るためには、いくつかのルールがあります。このルールを日々、家庭で、学校で教わってきました。私はまずこれを社員に身につけさせているのです。具体的には次の五十一項目です。

一、名前を呼ばれたら「はい」と明るく返事をしましょう。
二、誰かが話をしているときは、その人の目を見て話そう。

三、誰かが素晴らしいことをしたら拍手しよう。拍手は最低三秒以上。
四、礼儀正しく意見を言い合い、相手を尊重しよう。
五、大切なことはベストを尽くすこと、言い訳をしないこと。
六、質問されたら、質問で返そう。相手に関心を示すことは礼儀の一つです。
七、「せき、げっぷ、くしゃみ」のときは口をふさごう。後で「失礼しました」と言おう。
八、人から何かを貰ったら、必ず「ありがとう」と言おう。
九、頂いたプレゼントに良くない感想や不満を口にしてはいけない。
十、一日一つは誰かに親切で優しいことをしてびっくりさせよう。
十一、人の噂をしてはいけない。悪口も言ってはいけない。
十二、仕事中は気分を集中するように努めよう。有意注意です。
十三、「お元気ですか」と聞かれたら、「はい、おかげさまで元気です」と答えよう。
十四、良いことをするのは、「ご褒美」のためではない。自分を高めるためです。
十五、仕事の締切は守ろう。
十六、一日を有効に過ごそう。そのために朝一番に仕事の手順をメモしよう。

十七、整理整頓しよう。机の中はきれいに整理しておこう。
十八、上司からの指示に不満を言ってはいけない。文句を言ってはいけない。
十九、誰かが見てなくてもきちんとした一日をすごそう。
二十、仕事中におしゃべりはみっともない。
二十一、社員仲間の名前を覚え、お客様の名前を覚え、きちんと挨拶しよう。
二十二、お客様には心地良さを与え、心から歓迎しよう。
二十三、決まった人とだけ仲良くするのは良くない。誰であれ仲間はずれにしない。
二十四、上司から叱られている人がいたら、その人をじろじろ見ることはやめよう。
二十五、上司から指示された内容が理解できなかったら、思い切って質問してみよう。
二十六、後片づけをきちんとしよう。ゴミはゴミ箱に捨てよう。
二十七、乗り物では静かにしよう。
二十八、人の名前はきちんと覚えよう。人を紹介された時は必ず立って挨拶しよう。
二十九、上司には、立ち止まってきちんと頭を下げて挨拶しよう。
三十、食べ物は自分だけたくさん取ってはいけない。

三十一、誰かが落し物をしたら、急いで拾ってその人に渡そう。
三十二、ドアを明けた時、あとに人がいたら、その人のためにドアを押さえていよう。
三十三、誰かがぶつかってきたら、自分が悪くなくても「すみません」と言おう。
三十四、公共の建物に入る時は、「おしゃべり」は止めよう。
三十五、誰かの家を訪ねたら、何かを誉めてみよう。
三十六、朝礼、その他の集会には勝手なおしゃべりはやめよう。
三十七、かかってきた電話にはきちんと対応をしよう。
三十八、お世話になった人には、お礼を言おう。感謝の気持ちは当然の礼儀だ。
三十九、エスカレーターに乗ったら左側(右側)に立とう。
四十、歩く時は規律正しく行動しよう。気持ちいいものです。
四十一、人が並んでいる列に横入りしてはいけない。
四十二、映画館では、絶対におしゃべりしてはいけない。携帯電話はマナーモードに。
四十三、大金など会社に持ってきてはいけない。

四十四、「いじめ」や「いやがらせ」があったら上司に相談しよう。
四十五、自分の信念のためなら、実現するために努力して闘って欲しい。
四十六、前向きに生きて人生を楽しもう。
四十七、後悔のない生き方をしよう。誰にも負けない努力をして夢の実現を目指そう。
四十八、「間違い」をおかしたら、素直に認めてそこから学ぼう。
四十九、いつも正直でいよう。
五十、今日という日は一度しかない。一瞬一瞬を感謝して生きよう。
五十一、人生を楽しみ、自分を誇れる人間となろう。

第三章

若手社員コーチングでこんなに会社が強くなる

徹底した社員教育で現場を鍛える

これまで「現場力」がいかに大切かを述べてきましたが、その「現場力」を担うのが若手社員です。新卒社員はビジネスの経験がなく入ってきます。この人たちを現場の「力」とするには教育が欠かせません。どこの会社でも新入社員教育は行っていますが、その後は通り一遍の研修を行う程度で済ませているのではないでしょうか。

しかし、若手社員の教育は通り一遍のものではいけないでしょう。大切な現場を支える存在となってもらうのですから、それなりのしっかりとした教育をしなければなりません。会社が強くあるためには「現場力」が強くなければならず、「現場力」が強くあるためには、現場の主戦力となっている若手社員が強くならなければなりません。

これまで述べてきたように、このため、私は十七年前から「若手社員コーチング」を実施しています。各社員にとっては月一回ですが、七つの班に分けて実施していますので、私は月七回、外部の研修機関などには依頼せず、私が自らの手で直接行っています。それが今日のラックの強さとして結実していると自負しています。

わが社の新入社員は、まず一か月間の新入社員研修を受けます。その初日に私は全員にハガキを三枚渡します。そのときの心境を父母にそれぞれ書かせ、残りの一枚は「一年後のあなたへ書け」と指示します。父母への手紙はすぐに投函しますが、後者は一年後に総務課がコメントを付けて送ります。

これによって初志と一年後の自分を比べ、成長を実感したり、志を新たにしたりすることができるわけです。

新入社員には一～二年先輩の社員が付いて一年間、個別指導を行う「ブラザー・シスター制度」というものも実施しています。どのような指導を行うかのマニュアルは先輩たちの手作りです。歴代の先輩たちが退職時に引き継いだものが基本となっています。このマニュアルで先輩は後輩を指導していきます。

これらのほかに毎月実施しているのが「若手社員コーチング」であり、年一回実施しているのが「若手社員コーチング大会」です。

毎月、社内報も発行しています。これも教育の一環です。これには社長の挨拶などはありません。ひたすら何をなすべきかを訴え続けています。毎月のものを一年間ためて、それを小冊子にし、これも配ります。こうして、しつこいくらい何をなすべきかを伝えています（社内報の名称は「あっぷるっぷる」です）。

ちなみに、この社内報は、プロローグで書いた社内が混乱（内紛）していたときから、私の気持ちを社員に伝える最大のツールとなりました。

このようにあらゆる機会を設け、休むことなく、社員教育を行い、若手社員を鍛えているのです。ちなみに、その他の研修としては、月一回の部署別研修、年一～二回の事業部ごとの社長研修などがあります。

社員教育の要諦は「アメリカインディアンの教え」

若手社員を鍛えるといっても、軍隊式に一方的に叩き込むというものではありません。それでは、反発も生まれ、やる気も起きないでしょう。心を一つにして頑張るということも望めません。若い人たちは能力を秘めて入社してきます。その人たちに情熱と前向きの考え方を持って働いてもらわなければ成功はしないのです。

私が社員に繰り返し教えていることですが、「能力×熱意×考え方」という稲盛和夫氏の成功の方程式があります。すべての人が高い能力を持っているとは限りません。しかし、熱意を持って一所懸命努力すれば、さらに、前向きな、積極的な考え方で取り組めば、能力を十分にカバーできるというものです。

たとえば、能力が二でも、熱意が五なら結果は十になります。一方、能力が五あっても、熱意が一なら、結果は五です。ここで大切なことは「考え方」です。考え方はプラスとマイナスがあります。この方程式は「能力×熱意×考え方」ですから、正と負では結果が大きく変わります。一方的に叩き込んで、言われたとおりにやればいいというような教育では、熱意と前向きの考え方が出てこないでしょう。成功の方程式の結果はゼロとなってしまうのです。

私は、社員教育の要諦は次に掲げる「アメリカインディアンの教え」にあると思っています。この詩句は、ドロシー・ロー・ノルト女史の作品と言われています。もう十数年前、ニッポン放送の「玉置宏の笑顔でこんにちは」によって全国に流布されました。私はこの詩句に大きな感動をいただきました。

アメリカインディアンの教え

批判ばかり受けて育った子は非難ばかりします
敵意にみちた中で育った子は誰とでも戦います
ひやかしを受けて育った子ははにかみ屋になります
ねたみを受けて育った子はいつも悪いことをしているような気持ちになります
心が寛大な人の中で育った子はがまん強くなります
はげましを受けて育った子は自信を持ちます
ほめられる中で育った子はいつも感謝することを知ります
公明正大な中で育った子は正義心を持ちます
思いやりのある中で育った子は信仰心を持ちます
人に認めてもらえる中で育った子は自分を大切にします
仲間の愛の中で育った子は世界に愛を見つけます

この教えの「子」を「社員」に置き換えて、このような心で社員教育をすることが大切なのです。

批判したり、責めたりするだけの教育では力を合わせて目標に向かう心を持った人は育ちません。時には励まし、時には誉め、そして認める――このようにしつつ厳しく教育をしていくことが、わが社の社員教育なのです。このようにすることによって、わが社の社員は生き生きと活躍しています。

もっとも、どのような人でも「若手社員コーチング」などの社員教育によって現場の強い担い手になれるというわけではありません。そのため、わが社では厳選して新卒の採用をするようにしています。その際、次のような人は採らないようにしています。

一、凡庸に人生を過ごしたい人、安定だけを求める人

若手社員を現場の主力とするわけですから、若くして責任ある地位についたり、責任ある仕事を任せられたり、あるいは勤務時間をオーバーして仕事をしたりすることがあります。凡庸に人生を過ごしたい人は、恐らくこのような日々に

耐えることはできないでしょう。「生きがいを感じる仕事をしたい」、「つらくても充実した毎日を過ごしたい」という人でないと勤まらないでしょう。

二、協調性がなく、チームのメンバーと仕事ができない人

冠婚葬祭ビジネスのようなサービス業は特にチームワークが大切です。ですから、チームでの円滑な仕事ができない人は不向きなのです。

三、意図的に嘘をつく人、金銭的に不都合のある人、クレームを報告しない人

これらの人は会社が爆弾を抱えているようなものです。

四、健康状態が優れない人

このような人は自ずと欠勤が多くなり、安心して仕事を任せることはできません。会社に勤めるには健康管理が第一です。

では、どのような新入社員を求めているかです……。次の五つの特徴を持った人です。

一、積極的に変化しようとする。

二、勉強熱心である。
三、受身の生き方をしない。
四、清潔感があって素直である。
五、物事を前向きに表現する。

「若手社員コーチング」をなぜ実施しているのか

人の集まりをチームと呼びます。または、グループとも呼びます。会社という組織は大きな一つのチームです。

他方、マネジメントという言葉があります。マネジメントとは何かと考えると、「管理すること」、「経営すること」、「利益を出すこと」という言葉が頭をよぎりますが、これらはマネジメントの一面をとらえているにすぎません。マネジメントとは、「会社組織（チーム）が目標を達成するために、経営資源（ヒト・モノ・カネ）を効果的に活用する取り組み」といえるでしょう。

この経営資源の中で、ヒトというものを効果的に活用するためには、どのような方法があるのでしょうか。

人的資源には次のような特徴があります。

一、感情と自由な意思を持っている。

二、学習し、成長することができる。

三、一人ひとりが異なっている。

このような特徴があるヒトを、それぞれの個性を尊重しつつ、一つの方向に向かわせ、成長させ、現場で十分に力を発揮してもらうためのものが、「若手社員コーチング」なのです。

そこでまず、明確な組織目標や指針を示すことが大切となります。

社員たちがたとえ有能であっても、チームとして向かうべき方向が定まっていないと、そのポテンシャルは結集されません。だから、「あそこへ行きたい！」というゴール、ぶれないポイントが必要です。これをはっきりと示してやることが必要なのです。会社の「志」を社長と社員とが共有し、共通の目標に向かって行動する時、会社という組織は大きく飛躍するのです。

さらに、「若手社員コーチング」は、社員のヤル気をマネジメントするという狙いもあります。

社員たちは、「アメリカインディアンの教え」のところで触れたように、上司から「認められること」、「褒められること」によって成長していくものです。このことが、より高度な仕事への「欲」となります。社員たちは、与えられた数値目標だけでは動かないものです。自分自身が成長していると実感した時、高い意欲を持つものなのです。人は学習し、成長する動物なのです。そのためには、社員の一人ひとりが「自分が自分に課した約束を果たす」ことを繰り返し、それをきちんと評価してやることが大切で、それによって自信が生まれます。若手社員コーチングは、このサイクルを繰り返していくことなのです。

人は感情を持っています。この感情こそが重要なのです。やる気を出させること、そして、それはその社員の成長へとつながっていくのです。

目標を数値化する

「若手社員コーチング」で大切なものは、目標を可能な限り数値化し、実践するということです。

「若手社員コーチング」の中身を紹介する前に、目標の数値化の大切さについて、説明しておきましょう。

少し前の話ですが、平成十六年度の方針のことを考えていたときのことです。私の心の中には灰色の不安が少しだけ占めていました。平成十五年度の売上数値のことがあって、十六年度にV字回復したいと念じていたからです。そして、「若手社員コーチング」で若者たちが数値目標で発表するようになっていることに思いが至りました。このことを考えたら、私の灰色の心はパッと明るくなりました。

「全社員が数字で考え、数字で行動し、数字で会話する」習慣ができればV字回復が可能であると思いついたのです。

私の心は夏の空のように青く澄み渡りました。そして、私の気持ちは燃え上がりました。私は考えを進め、自信と勇気が湧いてきました。平成十六年度の不安が百八十度転換したのです。

十五年度の一年間は、冠婚部門の責任者は暗いものでした。売上目標が各月達成できず数字はすべて悪役でした。福岡市内に十五か所に増えたホテル、ハウスウエディングの影響で、わが社の冠婚部門はガタガタだったのです。来館者は増えても摘み取り率は低下しました（資料請求率は百三十％アップ、来館者百十％アップ。それなのに摘み取り率八％ダウン）。会館の売上ダウンは衣裳部門にも影響が出てしまいます。ですから、担当責任者が業績検討会で手にする数字は悪役そのものとなりました。

平成十六年度はこの数字を善玉にしようと、次のことを実践しました。

一、数字で考え、数字で動く。
二、数字を自分に当てはめて、自分をよくしてみる。
三、数字の「原因と結果」を知る。

これはまずは仕組みを数字で作ることです。たとえば、目標と管理の表の作り方、チェックリスト、表、グラフ、図などの数字を使った仕掛けを作ることです。

数字と聞くと、嫌な感じを受ける人がいます。数字に恨みつらみのある人は多いと思います。特に学生時代にあまりよい成績に恵まれなかった人に多いものです。そういう人は数字が敵になっています。社会人になったらもう成績の数字に追いかけられることがない……と安心したでしょうが、実社会は、そう甘いものではありません。

なぜ成績の数字だけでなく、数字そのものが敵になり、嫌われるのでしょうか。それには三つの理由があります。

一、数字にはごまかしもいい加減さも妥協もない。

数字は冷たい現実なのです。売上がなければ、集客がなければ、儲けがありません。そうなると、どれほど大きな会社であっても倒産してしまいます。数字は妥協、ごまかし、いい加減な見通しを許してくれません。

二、数字は面倒だ。

数字を扱うのが面倒だという人がいます。これは単なる習慣です。

三、数字は状況がよい時には出てこないで、悪い時に出される傾向がある。

『『リッツファイブ』は三十も婚礼をダウンさせて、支配人は何をしている」といった具合です。数字は悪い時にクローズアップされるのです。これは現実です。

確かに、この三つの理由を多くの人が経験します。経営者から一般社員までが経験することです。が、数字は本当に敵なのでしょうか。

数字が悪くなった原因を考える

「一億円も売上不足では困るね、きみ」、「部門が赤字ではボーナスは出せません」、「わが社もリストラすることになって、ついては人員を三十人減らすことにした」などのシーンを考えてみてください。暗くなります。そして数字の印象が悪くなっていきます。だからこそ、悪い数字が出ないように考え直せばよいのです。

悔やむ時間があるのなら、なぜ悪くなったのかの原因を突き止めることが先決です。この原因がわかれば、もう悪い結果は起こらないのです。さらに会社経営、部門経営には一年間という時間の限定があります。スタートがあって終了があります。これが会計年度です。区切りがあるわけで、ここでしっかりと結果を考えることができます。

悪い結果が出るのはいくつかの理由があります。それを整理してみると次のようなことです。

一、甘い考え。
「なんとかなるだろう」などと甘く考えていると、悪い結果になります。これは厳しさが足りなかったのです。
二、予想しなかった。
現在のことしか考えていなかったということです。
三、因果関係で考えていない。
すべて「原因と結果」があります。ぼんやりしていると打つ手を打てず、悪い結果が起こります。
四、放っておいた。
自分も悪くなると考えたが放っておいた。これは最悪です。

五、他に原因があると思い諦めた。

「世の中が悪い」、「自分でコントロールできないことだからしょうがない」などと考えていた。ここには自分で何とかしようという自主性がありません。

これらが「悪い結果が出る」理由ですから、これらを一つひとつ潰していけば、当然よい結果になるはずです。

自己統制と目標設定への参画

企業の目的を達成するために目標を、数値化することが大切なのですが、もちろん、ただ数値化しただけではいけません。その実現に向かって努力し、さらにその結果を自分で評価するところまでいかなければ、せっかくの目標の数値化もむだになってしまいます。

社員一人ひとりが自分の職務について具体的な達成目標を定め、その結果を評価するという「目標による自己管理」を持つことは、すばらしい効果が期待されるものです。

もともと、目標管理は、アメリカの経営学者・ドラッカーがGM（ゼネラルモーターズ）で事業部を設計する際にマネジメントの考え方としてまとめたものが始まりです。わたしが十七年前に「若手社員コーチング」を実施して、社員が「目標による自己管理」を実践するようになった結果、会社が強くなったのは事実です。

このわが社の「目標達成」のポイントは、自分自身で「目標設定へ参画」していること、そして、自己統制のもとに実践していることです。目標設定の参画は、上からの押しつけではなく、自分の意思に基づいた目標を持つことから始まります。私は若手社員たちにドラッカーは「メンバーを目標設定の場に参加させ、目標に対する納得性を高めて、やりがいを持って目標に取り組めるようにすること」を奨励しています。わが社の「若手社員コーチング」での実際は、まさにドラッカーが説いた「自己統制や目標設定への参画という理念」の実践ということになります。

「若手社員コーチング」での目標管理、目標達成の成否の報告はなぜ優れているのでしょう。それには、三つの視点があります。

一、自己統制で人が育つ。

目標設定に参画し、受容することで、目標達成に向けての取り組みの姿勢が強化されます。セルフコントロールをベースにして本人にまかせることで、それぞれの創意工夫が生まれます。結果として本人の能力伸長は飛躍的に大きくなります。

二、目標自体が人を成長させる。

「努力すれば達成できる」レベルの目標は、モチベーションを高める要因となります。やさしすぎず、難しすぎない、少しだけ背伸びすれば到達できるような目標を設定すれば、目標にチャレンジすること自体が人の育成につながるのです。

私は若手社員コーチングに際し、発表に返すコメントに最大の注意と敬意をはらうようにしています。私のコメントが社員のさらなる成長につながるものだと考えているからです。

三、ＰＤＣＡサイクルをまわすこと。

ＰＤＣＡとは、仕事を進める基本的な手順のことです。Ｐｌａｎ（計画）、Ｄｏ

（実施）、Ｃｈｅｃｋ（検証）、Ａｃｔｉｏｎ（対策）です。毎月毎月ＰＤＣＡのサイクルをまわし続けることで、習慣ができ、私たちは成長を続けるのです。

「若手社員コーチング」の実際

このように数字による目標設定とその実現を意識して行っているのが「若手社員コーチング」です。

では、わが社の「若手社員コーチング」はどのように行っているのか、ここで概略を紹介しておきます。

わが社の二十代の社員はおよそ八十八名です。この人数を七つの班に分けて、毎月一回「若手社員コーチング」が行われています。

朝食を一緒に食べて、食べ終えた食器をきちんと洗って、七時三十分頃から各個人の発表が行われます。

各社員は、事前に記入した三つのシートをコーチング実施三日前までに総務課に提出しています。

そのシートは「一か月間の取り組み」、「自己採点表」、「『見える化』シート」です。

「一か月間の取り組み」には次のようなことを記入します。

○この一か月間に達成したこと、考えたこと、気づいたこと。
○この一か月間に読んだ本のこと、この本から何を学んだか。
○これからの一か月間、何をテーマにするか。一か月の目標は何か（仕事、自分自身、その他）。

このシートでは、まず前月に設定した部署やチーム、個人の目標に対して、その達成度を明確にします。数字で表せる部署は数字で記し、それに関して、感じたことや考えたことなどを書くようにします。

たとえば、冠婚事業部のある社員は、目標として「新規接客数」、「成約数」、「成約率」、「即日成約数」というような目標値を上げ、それに対して一か月間の実績を記し、よい結果が出た理由や問題点、悪い結果が出た理由や問題点など、自分が考えたことを書くようにします。

続いて一か月間に読んだ本と、そこから学んだことを書きますが、この読書の大切さについては後述します。

そして最後に次の月の目標を決め、その達成に向けて、自分はどのような取り組みを行うかを書くようにします。

これを毎月行うことで、常に明確な目標を持って仕事に取り組むことができ、その実現に向けて、いつも考え、努力する習慣がつき、そのような日々が社員一人ひとりの能力を高めていくことになるのです。

二つ目の「自己採点表」には次のようなことを記入します。

○先月の個人目標（なるべく数値で表す）。
○目標に対する自己採点（十点満点）。
○自己採点の理由。
・六点以上の理由。

・五点以下の理由。
◯この一か月の自己目標。
◯この一か月にお客様に感謝された中で一番うれしかったこと。
◯あなたの悩み、不満。また、あなたの新しい提案。

このシートは、一か月間の自分の仕事を評価するものです。
最初に前月の具体的な目標とその達成度を明確にし、その結果に対して自己採点します。そして、その点数にした理由も書かせます。さらに個人の目標を立てるようにします。

この「『見える化』シート」には、次の八ステップが書かれてあり、若手社員はそれに合わせて、先に記入した六つのことを考え、実践し、記入します。

ステップ①——問題を明確にする。
本来あるべき姿を示す。基準があるから問題が見える。

ステップ②――問題をブレークダウンする。
問題の「化分け」をする。
ステップ③――達成目標を決める。
現実と理想のギャップを、期限を切って埋める。
ステップ④――真因を考え抜く。
「なぜ」を五回繰り返す。考え抜く。
ステップ⑤――対策を立てる。
プラン＝ＰＤＣＡサイクルのＰ。
ステップ⑥――対策をやり抜く。
ドゥ＝ＰＤＣＡサイクルのＤ。
ステップ⑦――結果とプロセスをチェックする。
チェック＝ＰＤＣＡサイクルのＣ。
ステップ⑧――成果を定着させる。
アクション＝ＰＤＣＡサイクルのＡ。

このようなシートをもとに「若手社員コーチング」では、若手社員が社長である私の前で発表します。それに対して、私は、その都度、感想、アドバイス、課題などを話していくのです。

現場では日々数多くの問題が発生しています。その問題を理論的に正しい道筋で解決していかなければなりません。社長は社員を育成しなければなりません。そのためには、「認める」、「褒める」、「叱る」というコミュニケーションが必要です。そのコミュニケーションを通して社員のモチベーションを高め、積極的に行動するように指導しなければなりません。

「若手社員コーチング」で私が直接コーチングしている理由はここにあるのです。

「若手社員コーチング」で教えていること

「若手社員コーチング」は、形としては以上のように進められるのですが、この時間を通して、私が社員に教え、職場で実践させていることは次の四十項目です。

一、「物の見方、考え方」を考えると、人生が変わるという法則。
前述した数字に対する見方を変えてみるということもその一つです。
二、心に思ったことは必ず実現するという信念の法則。
三、「夢（目標）――現状の自分＝問題」という問題意識の法則。
問題を常に意識するということ。
四、「ピンチはチャンス」という法則。
五、本物に接すると強運になるという法則。（美、音楽、絵、演劇、読書など）。
六、目標を数値化しないと達成が見えないという法則。
七、稲盛和夫の成功の方程式、成功＝能力×熱意×考え方。
八、心に喜神を含むと幸せになるという法則。（ありがとうと感謝する心）。
九、人生の五計を知ること。
五計とは、生計、身計、家計、老計、死計のことです。
①生計――いかに健康に生き生きと人生を生きるかを考えること。
②身計――いかに身を立てるか、志を遂げるかを考えること。
③家計――いかに家庭生活を営むかを考えること。

④老計――いかに老いるかを考えること。
⑤死計――いかに死ぬべきかを考えること。
十、手紙とPASONAの法則（後述）
十一、オウム返しとYES設定。プレゼンテーション能力をアップすること。
十二、ビジネス情報を共有化する。
十三、ゲーム化戦略で経営する能力を知る。
野外レクリエーションのプロジェクト、夏祭りやクリスマスパーティのプロジェクト、マネジメントゲームなどの実施。
十四、「見える化」によるビジネスの改善運動。
十五、「引き継ぎノート」によるマニュアル化。
先輩が後輩を教育し、ノウハウを蓄積し、マニュアル化していく。
十六、朝型人間になるための指導。
十七、メモの取り方の指導。
十八、メモ、日記をつけること、Plan・Do・See、反省の重要性を考えること。これを通して失敗の原因を追究する。

十九、マーケティングすること（お客様を作ること）。手紙、絵手紙、イベントの作り方。

二十、プレゼンテーションのやり方。

二十一、スタッフの三つの気風と八つの人気の追求。

三つの気風①ルックス（健康と清潔感）。②パーソナリティ（個性・人柄）。③キャリア（資格・能力・職歴）。

八つの人気

①スマイルと挨拶。②言葉遣い。③態度、立ち居振る舞い。④清潔感。⑤服装のセンス。⑥会計手続き。⑦商品・知識。⑧コーディネーターセンス。

二十二、店の人気の作り方。

二十三、資料請求に対するスキル（ＰＡＳＯＮＡの法則）。

二十四、よい習慣を持つこと（読書の習慣・早起き・日記をつけるなど）。

二十五、レイ・クロックの教え（Be daring.Be first.Be different）。

勇気を持って、誰よりも先に、人と違ったことをする。

二十六、社員は会社の広告塔であるということ。
二十七、マーケティング（成功の公式）。
①魅力的な提案をする。②喉の渇いた群集にグラスを差し出す（ターゲットを絞る）。③二杯目のグラスを買わせる。
二十八、売上・利益の方程式（売上＝客数×単価）
①自社のメッセージを多くの目にさらす。
②それぞれのお客様からより多くのお金を引き出す。
③既存のお客様を逃がさない。
二十九、心を磨く法則・六波羅蜜。
「布施」（恵み、施し）、「持戒」（戒律を守る、自己反省）、「忍辱」（忍耐）、「精進」（努力の実践）、「禅定」（特定のものに心を集中し、心を安定させる）、「智慧」（物事をありのままに観察し、思考によらない本源的な智慧を発現すること）の六つ。
三十、人間の法則。
①人は何に頼るか（見た目）。

②人はどういう時に情報を記憶するか（口に出しながら行動した時）。
③記憶の残り時間の最大は（見て聞く時）。

三十一、お客様が大切に扱われていると感じさせる七つの秘策。

①相手の話に耳を傾ける。
②相手を褒める。
③話しかける時相手の名前を呼ぶ。
④答える前に間をおく。
⑤相手のことを話す時、名前を使う。
⑥人を待たせたことをきちんと認める。
⑦グループの時、一人ひとりに気を配る。

三十二、聞き上手のルール。

①話している人をきちんと見る。
②話し手のほうに体を傾け、熱心に聞く。
③質問する。
④話の腰を折らない。

⑤相手の名前を使う。
⑥相手の求めているものを見つける。
⑦自分の意見は「ある人の意見」として語る。

三十三、お客様に会った瞬間に笑顔を向ける。
三十四、褒め言葉の出し惜しみをしない。
三十五、いつも「ありがとう」と声を出す。
三十六、自分の価値を高める話し方。
①率直に話す。
②意気込みを話す。
③心配しすぎない。
④他人をおとしめない。
⑤人や物を悪く言わない。

三十七、話し上手のルール
①話す内容をきちんと知っておく。
②言いたいことを言ったらすぐ終わる。

③聞いている人の顔を見ながら話す。
④聞き手が聞きたがっていることを話す。
⑤演説しない。

三十八、集客の相対性理論。
　相対的に少しでも安い店は、圧倒的な集客力を持つ。
三十九、集客の三本柱は「広告・口コミ・リピーター」である。
四十、集客数＝広告予算×転換率（広告を見た人が集う。資料請求する）。

このほか、次の三十の「良い習慣」も若手コーチングで指導しています。

一、仕事のできる人は、どのような仕事も、「自分の仕事」として捉えます。やり方を工夫します。どのような仕事にも意味があり、その目的があります。
二、どのような仕事をする時でも、効率的に進める方法はないか、改善点はないかと、常に工夫する姿勢は重要です。
三、早朝の数時間を大切にします。それには、早起きの習慣です。

四、午前中は仕事がはかどる「黄金タイム」です。一日の大半の仕事は、この「黄金タイム」で片づけます。

五、仕事をする時は、その仕事の完成（締め切り）を意識することが大切です。

六、仕事を早くこなす人は、結果に結びつく「重要な仕事」に集中的に時間をかけます。些細な作業はサッと切り上げてしまいます。これは、仕事に「優先順位」をつけることです。

七、こなすべき仕事をすべて「やるべきリスト」に書き出して、常に確認しましょう。その日の「やるべきリスト」を作成するには朝の十分、翌日の計画を立てるのは退社前の五分程度を使うようにします。

八、月間計画、週単位の計画、一日の計画といった一連の仕事の流れを効率よく、かつ計画的に進めるためには、ＰＤＣＡというサイクルを知っておくと良いでしょう。

九、報告、連絡、相談を略して「ホウレンソウ」と言います。報告は、仕事が終わってするだけではなく、「中間報告」などこまめにしましょう。報告の順は「結論」、「理由」、「経過」、「提案」の順にしましょう。

十、仕事をきちんとこなす人は、メモ魔が多いようです。必要なポイントを、要領よくメモしているので、抜けがなく、効率的に仕事が進められるのです。

十一、人は「〜のようになろう」という目標を持つと、より早く、なりたい自分に成長します。目標を立てるということは、自分の進みたい方向性を確認する時間を持つということです。

十二、仕事をしていると、さまざまな「壁」に直面します。伸びる人は「天職発想」をして、上手に気持ちを切り替えています。「天職発想」とは、「今の仕事は自分にぴったりだ」と思うこと。

十三、仕事になれてくると、つい手抜きを覚えてしまいます。慣れてきた時こそ、気を引き締めて仕事に取り組みたいものです。

十四、ビジネス現場で起きる出来事は、予測できないことが多いものです。どんな事態にも臨機応変に対応するには、日頃から「判断力」を磨いておく必要があります。

十五、突然スピーチを頼まれても困らないように三分くらい話ができるようなネタを数本持っておくと良いでしょう。

十六、会社には、実にさまざまな種類の会議があります。それぞれの会議には目的があり、課題となるテーマも異なります。会議の時間を生かすには、「発言するつもり」になるのが一番です。「仕事の改善点を提案するつもり」で臨むと、大切な情報がドンドン飛び込んでくるようになります。

十七、一通り仕事ができるようになってきて、一年経つと後輩が入ってきます。そこで後輩たちに仕事を教える機会ができてきます。そんな時は、まず仕事の全体像を示してから、核となる業務を説明することです。要点を押さえて、的確に伝える必要があります。

十八、仕事での失敗は誰でも経験することです。しかし、失敗は悔やんで終わりにすれば「失敗」のままです。大切なことは、失敗を教訓にして、新しいやり方を見つけることです。

十九、人は、自分と他人とを比較して自分の価値を決めがちです。このような心の状態から脱するには、一度自分の人生を棚卸することです。長期的視野で自分を眺めてみると、自分の評価で一喜一憂しなくなります。

二十、「外見力」を磨いて高感度を上げなければなりません。「外見力」とは、その人のパッと目につく「見た目」のことです。

二十一、ＴＰＯに応じた「社会人らしい言葉」を使うことは重要です。「かしこまりました」、「恐れ入りますが」といった言葉がスッと出てくるように訓練しましょう。

二十二、会社の電話は慣れるまでは恐いものです。しかし、恐さを克服するのは、やはり応対する回数を増やして、慣れるしかありません。

二十三、初めてお会いするお客様とは名刺交換します。この際、マイナスイメージを与えないようにしましょう。名刺交換は、ルールをしっかり頭に入れておけばスムーズに行えます。

二十四、すべてのお客様は「自分の大切なお客様」という意識を持つことが、良い来客対応をする見本です。まずは、自分のお客様ではなくても、いらっしゃったお客様に心を込めて挨拶することから始めたいものです。

二十五、会社訪問する際、自分は会社を代表して訪問しているという意識を持つことが大事です。

二十六、お客様のいる仕事の全てにクレームは生じます。クレーム客は、不満を感じているお客様たちの氷山の一角です。クレームを通して、「なぜ不愉快な思いをしたのか」をわざわざ教えてくれているのです。クレームをチャンスと思い、心を込めて対応することで、大切な固定客になっていただけるのです。

二十七、最近は通信手段が発達しています。固定電話、携帯電話、メールなどが使われています。ですから、ハガキとか手紙とかを通信手段とすることはまれです。

二十八、職場はチームワークを大切にする場です。日頃からこまめにコミュニケーションをとり、良好な人間関係を築いておきましょう。

二十九、まず出社したら、朝の挨拶は大きな声で元気よくします。「相手に届くハキハキした声で」、「自分から」、「笑顔で相手の目を見て」が良い挨拶の基本です。

三十、一日のうちで「ありがとう」の言葉をたくさん使いましょう。「ありがとう」という言葉には、相手を幸せにするパワーがあるようです。

これらを徹底的に叩き込むことで、若手社員の現場力は間違いなく高まっていきます。

「若手社員コーチング大会」の案内

毎月実施している「若手社員コーチング」のほかに、年一回、若手社員全員参加の「若手社員コーチング大会」を行っています。

まず、参考までに「若手社員コーチング大会」の社外の人への案内状を採録しておきます。

◯「若手社員コーチング大会in 2011」のご案内

私が会社経営するテーマの一つは、激しい企業間競争に勝ち抜いて利益を上げ続けることです。この基本が達成されなければ社員のみなさんの物心両面の幸福を実現することはできません。この経営という意味では、リーマンショックがもたらしたものは欧米流の利益至上主義（株主価値の最大化）が「これでいいのか」と問われたものでした。企業が目先の利益のみを考えて行動すると、かえって社会が大混乱に陥ることを人々に見せつけてくれました。企業も目先の利益だけを追うのではなく、社会貢献や社員の幸福を目指さなければならないことを示したものと私は理解しました。

そこで考えることは、「企業間競争に勝つ」ことと、社員の幸福を両立させる経営手法のことです。私は、もう遠い過去のことになりましたが、激しい「株主や役員」との内紛を体験しました。倒産寸前までに会社が混乱しました。平成の初めのことでした。この「みにくい」内紛の「勝名のり」をあげた私でしたが、社員のみなさんとの間に不信感が蔓延しました。内紛の残党によって従業員組合が設立され、不毛の対立が十年に及びました。もうこうなるとモラルやサービスは最低となり、またまた会社倒産の危機となりました。このような状況の中で私は、社内報「あっぷるっぷる」によって「私の思い」、「私の経営理念」を語り続けました。毎年新卒新人を採用し、徹底的に教育・研修を実施しました。新しい社風作りに着手したのです。若い社員たちには毎月「若手社員コーチング」で発表することをお願いしました。地味で大変な毎月が始まりました。若い社員の方々は、私の願いに応えてくれるようになりました。

荒れて、すさんでいた社内は次第に、陽気で学ぶ習慣が広がりました。と同時に会社の業績は急回復を始めました。例えば次のような数値です。

一、「リッツファイブ」の組数（婚礼組数・平成二十一年までは前回の案内状のデータと同じ）・三バンケットで日本一の稼働率を目指す。

平成二十二年――六三七組

平成二十三年――六五〇組（目標）

二、「パルスファイブ」の組数（婚礼組数）・二バンケットで日本一の稼働率を目指す。

平成八年――二九六組

…

平成二十二年――三〇一組

平成二十三年目標――三五〇組

三、西日本典礼の件数（葬儀件数）・斎場保有は二十四か所となりました。
平成八年――七七八件
…
平成二十二年――二〇六〇件
平成二十三年目標――二三〇〇件

恥ずかしながら経営の数値も改善され続けました。まだまだ十分ではありませんが急成長しています。

平成十八年三月期は、売上高二十九億千八百万円、営業利益二億四百万円、経常利益一億六千二百万円でしたが、平成二十三年三月期は売上高五十一億五千五百万円、営業利益が三億五千四百万円、経常利益が四億五千五百万円、平成二十四年三月期の予測では、それぞれが五十三億六千万円、五億九百万円、四億八千六百万円と、着実に数字を伸ばしてきました。正社員の数も、平成十八年三月期は七十三人でしたが、平成二十三年三月期には二五七人にもなっています。

このような結果がなぜもたらされたかは、「柔軟な頭脳を持った現場」ができたこと、「強靭な足腰を持った現場」ができたことによります。

このことをもう少し解説してみますと、「現場の社員の皆さんが当事者意識を持ってきた」こと、「現場のみなさんが考える集団になった」こと、「現場の社員のみなさんが情報を共有するようになった」こと、「現場のみなさんが意見をぶつけ合って成長し続けている」こと、「現場のみなさんが汗をかく集団になった」こと、「現場の皆さんが誰にも負けない努力をしている」ことです。私は、この「当たり前のことを当たり前に実行している」社員の皆さんを誇りに思っています。

私は、少々社員採用については甘めに数を多くしていますから、ここ二年間経常が十%を超えていません。これも少し経費等を絞れば簡単に可能だと思っています。私は、この二十年、会社経営に「悩み」、「苦しみ」、「考えた」結果実施した「若手社員コーチング」というスキルは社員教育の黄金のシステムだと考えるに至りました。これからも、私はこの「若手社員コーチング」を実施し続けます。①絶対に途中で頓挫させません。②社員のみなさんとのコミュニケーションを欠かしません。③私が社長としてこのコーチングのリーダーシップを揮います。④経営計画を絵に描いた餅にしないよう「若手社員コーチング」を磨きます。なぜならば、私の「若手社員コーチング」こそ「現場力こそが最大の競争力の源泉である」を実現するものとの確信があるからです。

今年も下記の通り「若手社員コーチング in 2011」を開催します。あなた様にはこの発表会へのご臨席をいただきますように、ここにご案内申し上げます。きっと、あなた様はこの発表会で「経営の実行力は現場に内包されている」ことを実感されるはずです。あなた様には「目からウロコ」的な実行例を体験されるはずです。会場には席の限りがあります。今年この大会にエントリーする二十代の社員は八十八名です。大会は二日間行われます。

この案内状でおわかりのように「若手社員コーチング大会」はオープンです。社外の人がこれを見て、自社の参考にしてもかまいません。どんどん真似してもらって結構ということです。また、この案内状で、現場の担い手は若手社員であり、いかにその教育が大切か、また、私がどのような思いで「若手社員コーチング」および「若手社員コーチング大会」を行ってきたか、そしてそれによっていかに会社が成長したかがおわかりになるでしょう。

「若手社員コーチング大会」の内容

では、「若手社員コーチング大会」ではどのようなことを行っているのかというと、こちらで作った発表シートに基づいて若手社員全員に発表してもらいます。ただし、発表シートは新入社員とその他の若手社員とでは異なります。

新入社員の発表シートは次の七つの項目でできています。

一、あなたがラックグループに入社したことについての感想を述べてください。

二、あなたの「誰にも負けない努力」は何ですか？　具体的に発表してください。

三、あなたの職場の先輩たちの活動について、感想を述べてください。

四、あなたが入社以来、目標としていることを述べてください。

五、新しい商品の提案、新しい販促の提案があれば、具体的に発表してください。

六、あなたがこれからのビジネス人生で目標としていることを発表してください。
七、入社以来読んだ本と、特に印象に残っている本を発表してください。

他の若手社員の発表シートの項目は次の七つです。

一、あなたがこの一年で実施して誇れるものを具体的に発表してください。
二、あなたの「誰にも負けない努力」は何ですか？　具体的に発表してください。
三、この一年のコーチングで参考になったこと、実施していることについて発表してください。
四、あなたが後輩指導で発揮したことを具体的に発表してください。
五、新しい商品の提案、新しい販促の提案があれば、具体的に発表してください。
六、あなたのビジネスでの生きがい（これからの目標とするもの）について発表してください。
七、この一年間に読んだ本の代表例十二冊と、印象に残っている本を発表してください。

「若手社員コーチング大会」では、これらのことを一人ひとり発表させ、評価していきます。

社員を遊ばせる

「若手社員コーチング大会」で優れた社員はグランプリとして五～六人をハワイにあるわが社のコンドミニアムに招き、私とともに過ごします。また、準グランプリや新人賞もあり、その人たちはミュージカルなどの観劇に招き、食事も私と一緒にするというご褒美があります。

このほか、社内で夏祭りやクリスマスパーティ、登山、キャンプ、運動会、ゲーム大会などを催し、社員を遊ばせることも大切です。夏祭りやクリスマスパーティには五百人ものゲストの方々が参加します。

前にも触れましたが、これらのイベントでは、大学祭ののりで、プロジェクトを作り、社員が企画から運営、決算まで自分たちで行うことによって、ビジネスの一連の流れをゲーム感覚で身につけることができるようにしています。このほか、会計の仕組み、ビジネスの仕組みなどを学ぶマネジメントゲームも取り入れています。

ラック・グループは各種の表彰制度があります。特にユニークなのは①月刊MVP賞（各部署長の推薦）②ナンバーワン表彰（自己申告で「ありがとう」を言った量の数で選ばれます）です。

「三つのア」――曖昧、甘え、諦めをなくす

「若手社員コーチング」で大切なものの一つが目標を数字でとらえるということです。その数字の悪化をもたらす元凶は「三つのア」です。「三つのア」とは、「曖昧さ」、「甘え」、「諦め」です。これらをなくすことが「若手社員コーチング」を実施する大きな目的の一つです。

「曖昧さ」が失敗の元です。「甘え」が悪い数字の元です。「諦め」が悪い数字の原因です。その会社の、その部門の数字が悪かったのは、「曖昧さ」、「甘え」、「諦め」の「三つのア」がいけなかったのです。

ですから、数字をよくするには、この三つを直すことが大切となります。ここでは、その処方箋を考えてみます。

一、健康チェックをする。

「体力がないから」、「病気がちだから」と言っていませんか。それでは前向きに働けず、結果も出せません。ですから、体を強くすることです。自分の目標の未達を健康や体力のせいにしないようにしましょう。非力という欠点があったら、他の自分の長所を育てればいいのです。

二、知恵を絞る。

曖昧さ、甘え、諦めは、仕事上の知恵不足から出てきます。知恵を出して努力を重ねれば、結果はともないます。努力は長く続けることです。「どうしてもやりたい」といった強い目的意識をもって勉強しているうちに、甘えや諦めが嘘のように消えてしまいます。

三、自己能力開発目標を立ててチャレンジする。

本を読み、考える力を養うことでもよい結果が出ます。能力は自分で伸ばすことができます。「私には能力がない」などと思い込まないことです。「能力がない」と考えてチャレンジしないと、能力は一向に伸びません。つまり、自分に甘えて、自分の能力の中身を曖昧にすることで、また諦めているということです。

四、性格のせいにしない。

自分の性格の面から言い訳をしていませんか。「気が小さい」とか、「消極的」とか、「自信がない」とか思うことで、心の中に「甘え」や「諦め」がはびこってしまいます。「性格は先天的なもので、自分では治せない」と思ってはいけません。「性格は治せるもの」なのです。内向的で、引っ込み思案でおとなしい性格であっても、開放的で、積極的な性格に変われます。諦めてはいけません。性格は自分で治せるのです。

五、意欲を持つ。

意欲がなければ、すぐに諦めてしまいます。意欲がなければ物事を曖昧にしていても平気です。そして「私は意欲があまりない」と甘えてしまいます。

私も小さい時は意志が弱いものでした。大学生の頃、「貧乏はいやだ」、「自分の人生に責任を持たねばならない」と考えた時、自然と自信と勇気が出てきました。たくさんのピンチに遭遇して、それを乗り越えることによって次第に意欲が高まり、意志が強くなっていきました。失敗しても失敗しても、チャレンジを続け、失敗から教訓を深く引き出し、意欲を高めてきました。そして諦めがなくなりました。

六、心を広くする。

最後は「心」の問題です。「曖昧、甘え、諦め」は心が狭いから出てくる現象です。心を広く強くすることが肝要です。狭い心を広く、積極的にすることで「土壇場での底力」が出るようになります。

世の中は思うようにならないだけでなく、ピンチが多いものです。そこで私は常々孟子の言葉を忘れないようにしました。孟子は次のように語っています。

天が重要な任務をある人に与えようとするときに、必ずまずその人の精神を苦しめ、その筋骨を疲れさせ、その肉体を飢え苦しませ、その行動を失敗ばかりさせて、そうしようとする意思と食い違うようにさせるものだ。それは天がその人の心を奮発させ、性格を辛抱強くさせ、こうして今までにできなかったことをできるようにするための尊い試練である。

私は以上のことを社員に訴え、「若手社員コーチング」などを通して身につけるよう実践してきました。その結果、若手社員は目標について、「頑張ります」、「一所懸命に目標達成に努力します」といった抽象的な言葉を使わなくなりました。集客目標や、売上目標を具体的に数値化して発表してくれるようになったのです。

この結果、各人、各部署の数字は日々よくなり、目標を数値化することで、達成意識もより明確となっていきました。

「若手社員コーチング」のメリットとして、もう一つ、忘れてはならないものがコミュニケーションの習慣です。社員とコミュニケーションすることは、大変重要です。

社員から、このコミュニケーションを通じて現場の情報を取り入れる仕組みを作らなければなりません。会社のリーダーたる社長は「見えていないところのマネジメント」をしていかなければならないからです。

若手社員コーチングは意外にも「社内のいろいろなものを見渡すこと」ができるのです。社長は見えていないことに気づいていないリーダーになってはなりません。会社が大きくなってくると、マネジメントの変革が後手になります。「危機」への対処が遅くなります。提供する商品やサービスの品質が落ち、プランが陳腐化し、顧客の苦情が置き去りになり、働く社員のモチベーションが下がります。「ヤバイ！　このままでは大変だ！」のセンサーを失ってはならないのです。「ヤバイ！」といった兆候や信号などの重要情報を若手社員コーチングで感じ取ることが重要です。

本を読む習慣をつけさせる

会社の業績アップのためには「小さな行動の習慣化」が求められます。行動の「凡事徹底」が重要です。本を読み、発表するという実践は「考える」という行為の習慣化です。

「若手社員コーチング」のシートには必ず「読書」が入っています。どうしてそれほど読書を重要視するのでしょうか。

ドイツの哲学者オズワルドは、人生に成功している人の共通点は二つあると言っています。それは「プラス思考」と「読書家」であるということです。

多くの成功者のみなさんは「とにかく成功するためには本を読むこと」と言っていますから、「なるほど」と、うなずけるものです。忙しい現代社会でいつでも、どこでも実行できる「読書」は最高の勉強法です。何といっても「本」は宝の山です。成功者たちのみなさんの「成功のノウハウ」を安価に手に入れることができますから、嬉しい限りです。成功者は脳に汗をかき、血のにじむような努力の結果を本で教えてくれます。ですから、人生のノウハウ、ビジネスのノウハウを一から自分で始めなくていいわけで、これを利用しない手はありません。これによって私たちは失敗するリスクを少なくすることができるのです。

そこまでわかっていても、多くの人が読書することに抵抗を持っています。残念なことです。ラックの若手社員は、月に一冊以上の本を読んで自分磨きの努力をしてくれています。いずれ、三十代から四十代にかけて、努力の花が咲くことでしょう。

ここで重要なことは、本を読んでその養分を吸収することです。吸収して得た知識や情報を「養分・栄養」として「仕事と人生に生かせる人」になることです。

ビジネスマンにとっての最高の勉強法は「本を読むこと」なのです。これは、ただ単に知識や情報を得るだけではありません。本を読むことは、「考える力」をつくることでもあります。読書することは、考える力を深かめることになるのです。

「なぜ、このテーマで本が書かれているのか」、「著者が訴えたいことは何なのか」、「私はこの本から何を学ぶのか」ということを自問自答して読書をすれば、自ずと思考力が身についていきます。と同時にそこに書かれていることを吸収することができるのです。読書のメリットをまとめると、次のようになります。

一、本を読んで知識や情報を得ます。

二、著者との対話のくり返しで「考える」クセがつきます。

三、「考え」が深まって、ビジネスや人生への工夫・アイディアが生まれます。

この実践で人は大きく成長していけるのです。

若い人たちは学生時代にあまり本を読んでいません。私の学生時代はせっせと本を読むリストを作って多読生活をしました。この青春時代の多読が今日の私に大きな養分を与えてくれていると思っています。

本のよい所は、持ち運び自由なことです。いつでも、どこでも手軽に読みたいページを開くことができます。通勤時間やちょっとした隙間時間などがあるはずです。時間があれば、とにかく読む、を繰り返してみてください。それを毎日コツコツと続けていると、朝晩の歯磨きのようになります。本を読むことが当たり前の行動になってしまいます。

ここまで習慣化できれば、「カチッ」とスイッチが入って、人生が変わりはじめます。評論家の立花隆さんは、「一冊の本は一つの大学であり、一つの小宇宙である」と表現しています。本というのは、それくらいワクワクするものなのです。知の世界が広がるのです。

一冊の本に出会うことで、人生は豊かに大きく広がります。情報をキャッチするアンテナが敏感になります。感度が高まればさらに良質の情報が集まります。この情報や知識の量が増えていくと、「理解力・判断力・記憶力・思考力」が増して、集中力が高くなります。まさによいことばかりの世界です。もちろん、読書量が増えていくと、頭脳の回転スピードが速くなります。

一流になったから本を読む習慣ができたのではなく、本を読む習慣を続けているからこそ、一流なのです。

日記の大切さ

本を読むことの次にビジネスマンにとって大切なのは、「日記を書くこと」です。たぶん、多くの人が日記を書くことを決心してチャレンジしたはずです。小学生時代に日記をつけることを強要されたでしょう。多くの人々が日記をつけることにチャレンジして、大半の人が長続きせずに途中で挫折してしまいます。日記というものは、果たして何なのでしょう。

日記という『言葉』を広辞苑で見てみました。「日々の出来事や感想を記載すること、またその帳簿」とあります。無味乾燥な表現です。この表現でいくと、日記は単なる道具です。日記は単なる忘備録かもしれません。後々懐かしく思い返したり、読み返したりする回想録かもしれません。小説家や政治家が、後日、本にする意図で日記を忘備録としているケースがあります。しかし、普通の私たちレベルでは、楽しく日記をつける習慣はなかなかモノにすることができません。

そこで、楽しく日記をつけるためには、どうしたらよいか考えてみましょう（実際私は、毎日楽しく日記をつけて、ニューズレターとして公表しています）。

日記を構成する要素は、まずその日に起きた事実です。事実とは「記録」です。そして、その事実に対する意見または感想も日記の要素です。日記が日記たる所以《ゆえん》はこの意見の記録集にあると私は考えます。

記録したことを発表するのではなく、誰にも見せることなく、こっそりと書き連ねるのですから、その意見は本音です。感情のほとばしりです。日記をただ単に書いて終わりとせず、折に触れて読み返すものであれば、感情を反復することになります。読み返すだけで書いた時のシーンが蘇《よみがえ》ります。だから、読み進むうちに身体がほてったり、ドキドキしたり、胃が痛くなったりします。

ここで重要なことは、書いた言葉が、仕事や人生の意欲や情熱につながるとすれば、日記をつけることは成功への大きな習慣だということです。

スポーツの世界でのメンタルトレーニングと同じ効果が生まれるのです。


ここで、少しだけ横道にそれてみます。私たちは沢山の欲求や欲望を持っています。太っている人は、食べる量を減らせば痩せられることを知っています。それがわかっていながらできないのは、食べるという欲求を我慢できないからです。

この我慢できない欲求は、人間を強烈に突き動かします。我慢できない欲求に理性は勝てません。これをプラス方向に向ければ、「我慢できない欲求」は、どのような逆境や困難があっても、克服してしまうでしょう。

たとえば、弊社では、三バンケットで六百二十七組の結婚式獲得を実現しました。これは、日本一の稼働率という「夢」や「目標」が、強烈で我慢できない欲求だったからです。

歴史上でこれまで成功した経営者、ビジネスマン、アスリートが「欲望の炎」を燃やして夢を叶えてきました。人生やビジネスの成功者のすべては「中毒症」だったのです。

ここで大きな役割を果たすのが日記なのです。

「自分観察」ができて、「状況把握」ができる中毒者が成功者になれるのであり、そのコツは、「日記」というテクニックを使って「我慢できない欲求」に気づくことなのです。日記というものは事実を書くこと、それに対する感想を書くことと前述しました。このプロセスで、つまり、日記を書くことで、毎日毎日、自分自身の心の深い所を掘り下げる。どんどん掘り下げてみると、自分の本当に欲しいものだけが見えてきます。あなたは、成功しない自分に我慢できなくなります。そして結果として成功するまで日記を書き続けるのです。書かずにはいられなくなります。

「日記を書くだけで夢はかなう」と思って下さい。一日、ほんの少しだけ日記を書き、自分の心と向かい合う。一日三分間書くだけでよいのです。一日三分間だけ、日記を書き楽しめばよいのです。

日記をつけることは「強制されてイヤイヤやるもの」ではありません。また、「意志を強く持つ」ことを意識して目標を達成しようとしてもなかなかうまくいきません。長続きできないのが普通です。

「意志を強く持つ」ことには一つのコツがあります。それは「欲望を強くする」ことです。欲望が強くなればなるほど、意志は強くなります。方程式としては、「欲望の力」＝「意志の力」です。

北海道で初めて甲子園で優勝した高校に駒大苫小牧高校があります。この高校は、一昔前は弱小校でした。北海道の冬は雪で満足な練習ができません。ですから、北海道勢が甲子園で優勝したことはありませんでした。駒大苫小牧高校の野球部は、甲子園の出場を目標としたのではなく、優勝を目標としたのです。そこには理性による計算などありません。感性が「優勝するのが一番気持ちいい。一番カッコイイ」と興奮したのです。彼らは四千百二校参加の甲子園で優勝する確率〇・〇二％に対し、チーム一丸となってチャレンジしたのです。感性をワクワクさせ続け、理性を超えた活躍をしたのです。そこに感性が躍動して、奇跡が起こりました。感性に忠実に挑戦した者だけが夢をかなえることができたのです。

この原稿を書いているとき、ビッグなニュースが飛び込んできました。サッカー・ワールドカップで「なでしこJAPAN」の優勝です。彼女たちの目標は三位以内のメダルではありませんでした。優勝を目指して奇跡を起こしたのです。

百年前のイギリスの哲学者ジェームス・アレンさんの『「原因」と「結果」の法則』(サンマーク出版)によれば、どんなことも原因があって、結果があります。今ある結果は、過去に原因があるのです。よい結果は、よい原因があったからです。悪い結果は、悪い原因があったからです。「今」は過去の結果であり、「今」は未来の原因でもあります。だから、今日、よい種をまきましょう。よい実が実ります。今日、悪い種をまいたら、悪い実が実ります。

いつも瞬間、「今」を大切にして、今日を大切にして、よい種をまき続けましょう。それは「日記」です。私の日記の冒頭は「運命は私を○時に起こしてくれた。今日は私の残された人生の第一日目だ。運命の初日とする」といった書き出しです。そして、終わりには(生誕三五六六八日)と書きます。これは平成二十三年八月一日のことです。

第四章

式場稼働率日本一を生み出すブライダルマーケティング

選挙もマーケティング活動

この章では、私がこれまで実践し、成果を上げてきたマーケティング手法について解説していきます（神田昌典氏や小阪裕司氏から学んだことが原点です）。この手法に則って、現場の若手社員中心に仕事に取り組んできた結果が、今日のラックなのです。

マーケティングとは「人や社会のニーズを見極め、それに応えること」です。選挙活動を見てみると、これはマーケティングの一つの形と言えます。選挙の目的は当選することです。さらに継続的に当選するにはどうすればよいかを考えます。そしてマーケティングをフルに活用しているのです。

一般に選挙活動は次のように展開されます。

一、有権者のニーズを見極める。

二、ニーズに応えたマニフェストを打ち出す。

三、当選する。

四、マニフェストを実行する。

五、投票した人は満足し、次の選挙でも同じ人物・政党に投票する。

これをビジネスに置き換えると、①消費者のニーズを見極める→②ニーズに応えた商品・サービスを作り出す→③売り出して購入してもらう→④商品・サービスを使ってもらう→⑤商品・サービスに満足した人は、次も同じ商品・サービスを利用する、つまり、リピーターになる——ということになります。

以上の一連の活動がマーケティングということなのです。

マーケティングの大きな流れは、広告・宣伝→資料請求→接客→契約・販売というものです。

まず広告・宣伝が大切となります。集客の重要なツールだからです。新規顧客の獲得は、目先の利益を上げることにこだわらず、とにかく集客に徹することです。そのためにまず収益を追わずに投資することです。これが広告・宣伝です。

ここで、人が商品を買ったり、サービスを利用したりする理由を考えてみましょう。二つあります。「ベネフィット」と「特徴」です。

「ベネフィット」とは、商品を購入すれば何が得られるか、どういう問題が解決されるかということであり、「特徴」とは、その「ベネフィット」がなぜ得られたかという理由です。お客様が商品やサービスに対してお金を支払うのは、その商品やサービスが提供する「ベネフィット」に対してなのです。

ですから、お客様にはどのような「ベネフィット」を提供できるのかを集中的に訴えることが大切となります。

しかし、お客様の心には「読まない・聞かない・信じない・行動しない」という壁があります。これを打ち砕くには、客観的な証拠が必要となります。そのためには、こちらの信用を増す特徴を示すことが大切となります。自社の希少性を考え、そこから極端に「ベネフィット」を考えて打ち出すことです。

「競合他社より優れた商品やサービスを提供すること」だけをビジネスの第一に考えていたら、それは既に時代から取り残された考えです。そこにはいちばん大切なお客様の視点がないからです。お客様の選択肢は増えている一方で、その財布の中身は有限です。

希少性について説明すれば、商品やサービスを作る際に、お客様が今それを買わなければならない、利用しなければならない理由を作ることです。いつでも買えたり、利用できたりするものでは、意思決定を引き延ばす口実を作ってしまいます。明確なデッドライン（締め切り）が決められていないと、人はいつまでも意思決定や行動を先延ばしするものなのです。人は誰でも手に入るものには大きな魅力を感じません。限られた人にしか許されない権利だからこそ、人はそれを手に入れることに優越感を感じ、その商品やサービスを購入する特別な理由を得るのです。

ですから、希少性でお客様の心を揺さぶることが、マーケティングの第一歩として大切なのです。

かりに競合よりも優れた、自信のある商品やサービスを揃えたとしましょう。それでも、お客様に選ばれるとは限りません。

なぜ自社の商品やサービスが選ばれないのかを考えてみましょう。

理由は簡単です。それは商品力でも価格でも接客・サービスでもありません。なぜそれを選ばなければならないのか、その理由がお客様にはわからないからなのです。

逆に、自社の商品やサービスを選ばなければならない理由をお客様に明確に伝えたらどうでしょう。お客様はやってきます。

そのようにするのがマーケティングと言えるでしょう。

冠婚ビジネスのトレンド～構造変化への対応とビジネスモデルの変革～

冠婚葬祭互助会のビジネスモデルは、将来受ける冠婚葬祭のサービスを前提として毎月一定の金額を積み立てる制度です。互助会は昭和二十三年にスタートして以来、半世紀にわたって冠婚葬祭業界をリードしてきており、現在、全国に互助会経営会社は約三百社を数え、会員数は二千万人、前受金は二兆三千億円に達します。日本全国の結婚式ではおよそ四十％、葬祭の四十五％を施行しているといわれています。

わが社では昭和四十二年の創業以来、会員数は十万件を超えますが、葬祭事業ではまだ有効な会員制度も、冠婚事業での会員利用は低下傾向にあり、いまや年間挙式組数に占める会員の割合はわずか五％程度にすぎません（この現象は平成五年の結婚情報誌の発刊によって変化したものです）。

ブライダルビジネスの市場構造は、ここ十数年で、人口動態の変化や若者文化の変容、『ゼクシィ』の登場などによって、大きく変化しました。

一九六〇年代の高度成長期のブライダルブームのように、需要と供給のバランスが右肩上がりで、若者文化の同質化現象が見られたころであれば、結婚会館を建設すればそれなりの業績を上げることができました。冠婚葬祭互助会における前受金を積み立てて結婚式と葬儀サービスを提供するという会員制のビジネスモデルも、まさに高度成長を背景に発展したものだったのです。また商品・サービスも、結婚式は「神前式＋披露宴」、葬儀であれば「仏式葬儀＋告別式」が同質化現象のなかでパターン化していたのでした。したがって、会員募集に全精力を集中させればよかったのです。

しかし、『ゼクシィ』の創刊によって、若者の間で「式場選びは結婚情報誌で」という文化が顕著になり、多様な式場のなかからいかにして選ばれるかという競争戦略が求められる時代になりました。

人口動態は今後も少子高齢化、晩婚化、非婚化というトレンドを続け、平成二十一年七十万組にまで減少した婚礼組数は、この先も減少が予想されています。高度成長期の多婚少死から少婚多死へと時代の潮流が変化したのです。そのうえ、新興系のレストランウエディングやハウスウエディングなどの台頭によって競争は激化していま す。

同時に、冠婚葬祭互助会というビジネスモデルは、改正特商法の施行や消費者庁の設置による消費者保護の強化、経済産業省の指導による会員管理の徹底、互助会保証の保全強化による募集コストや管理コストのアップなども伴って、衰退期に突入したのです。

では、こうした構造変化に対し、どのようにビジネスモデルを変革していかなければならないのでしょうか。

第一には、集客の手法が変わったことへの対応です。当社は、冠婚事業ではいち早く『ゼクシィ』をはじめ、広告宣伝に力を入れてきました。最近では、結婚情報誌からホームページへ、さらには携帯電話へと展開を加速させています。

一方、葬祭事業では、年間六十回余り「お葬式勉強会」を開催するほか、新聞広告によって毎月百~百五十件の葬儀事前相談のお客様を集めることに力を入れています。

なぜならば、ビジネスの基本は「集客」であり、広告宣伝によって見込み客を集めるところからスタートするからです。旧来型の冠婚葬祭互助会のビジネスモデルが崩壊した今、会員に限らず幅広く集客を行っていかない限り、挙式件数は増えていきません。

商品戦略〜商品のライフサイクルを知る〜

一、成熟期から衰退期に突入した商品の延命策

企業が提供する商品には、発生期・成長期・成熟期・衰退期というライフサイクルが存在します。一般的に、衰退期に突入した商品の延命策には次の八つがあるといわれています。このアイデアも神田昌典氏から教わったことです。

①専門化する。
②より早く商品・サービスを提供する。
③パッケージ商品を販売する。
④成長している媒体に乗る。

⑤怠け者の欲求を満たす。
⑥コストを大幅に削減する。
⑦こだわり商品に特化する。
⑧社会的ミッションをもった会社をつくる。

ブライダル業界においても、①は「小さな結婚式」があてはまり、③はブライダルの各種パッケージとして結実しました。④はiPadやスマートフォンなど最新媒体を上手く取り込むことであり、⑦では「わがままウエディング」などがあてはまり、このようにさまざまな商品・サービスが次々に登場しています。⑧いま、社会的ミッションとして「婚活」パーティを実施しています。

商品戦略において重要なのは、自社の商品がどのライフサイクルの段階にあるのか、そしてその対策として今後の商品は何かということを常に考えることです。

二、ハードの商品たる結婚式場の新提案

冠婚葬祭互助会およびブライダル業界のトレンドと商品のライフサイクルを理解し

たうえで、商品戦略を考えるとき、人口動態やお客様のニーズをまず把握して、どのように魅力的な商品を開発し、提案を行っていくかということが重要になります。ブライダルビジネスにおける商品は、ハードの商品たる結婚式場と挙式・披露宴のサービスという二つの商品が大きな要素を占めています。

平成三年に「リッツファイブ」は五つのバンケットルームでオープンしました。その後、トレンドの変化に合わせてリニューアルを定期的に行いながら、バンケットルームの数は現在の三つまで減らしました。これは業務縮小ではなく、トレンドとお客様のニーズを的確に捉え、思い切ってバンケットの数を減らしたのです。この空いたスペースをゲストルームなど利用客のために有効につくり直すことで、サービスの質を向上させたのです。

ヨーロッパの迎賓館をイメージした「SPOSA」、平成二十二年九月にリニューアルしたばかりの木目の床と白を基調とした「COURAGE」、同じく平成二十二年九月にリニューアルした、大人の空間がモチーフの「VITA」の三つのバンケットルームには、それぞれ専用のゲストルームを配すつくりになっています。

当然、バンケットルームを減らすことは施行組数・売上減少の危惧もあります。平成二十二年九月に三階のバンケットルームを三つから二つに改装した際には、一バンケットを百二十人収容としてキャパシティを拡大することで、招待客数を二十人アップさせ、稼働率アップによって施行組数を増やす戦略でした。現在この狙い通りに推移しています。

またチャペルについても、チャペルウエディングのスタンダード化に合わせ、平成十七年にチャペルを新設。シップ型のユニークなつくりで、宗教色を徹底的に排除した建設思想を採用することにしました。このことでキリスト教式はもとより、人前式の挙式場としても機能する重宝なものとなっています。

マーケティングモデル～ブルー・オーシャン戦略の構築～

一、ブライダルマーケティングとは

マーケティングとは、「人や社会のニーズ（満たされていない欲求）を見極め、それに応えること」です。またお客様に魅力的な提案をすることです。

そして、いかに

①効率的にお客を見つけるか。
②お客様の顕在・潜在ニーズに付加価値の高い商品とサービスを作り上げるか。
③お客様を見つけ、商品とサービスの価値（魅力的な提案）を効率的に伝えるか。
④効率的な販売を通じて売上、利益を上げていくか。

という有機的な活動です。

ここで注意したいのが、自分たちが正しいと発想するのではなく、まず「顧客が正しい」と発想することです。顧客のニーズをしっかりと汲んだ商品・サービスの提供、価格設定、メッセージの発信をしなければ売上は上がりません。顧客の声に真摯に耳を傾けるよう最大限の努力をするのがマーケティングなのです。

また、会社のことを一番よく知っているのは中小企業の場合、経営者です。そこで経営者が積極的にマーケティングに関与しなければいい結果は生まれません。パンフレットやホームページなど広告・宣伝を外部に丸ごと委託しているようでは、競合と同質化してしまい、差別化を果たすことはできないのです。

二、「リッツファイブ」のポジショニング

これまで縷々述べてきたようにマーケティング戦略で最も重要なのは、次の三つです。

①市場細分化（セグメンテーション）。
②標的市場の設定（ターゲッティング）。
③ポジショニング（自社商品・サービスの位置づけ）。

ポジショニングとは「自社の商品・サービスと他社商品・サービスの違いを明らかにし、競合他社より優れている点（競争優位）、異なっている点（差別化要因）を消費者・顧客に理解してもらうこと」です。このポジショニングが上手くいけば、その後のプロモーション、広告・宣伝、販売や差別化戦略もスムーズに導かれます。

「リッツファイブ」の場合、「福岡一リーズナブル」（入口料理単価一万円）な低価格政策で高品質なサービスを提供してマーケットシェアを拡大する戦略を採用していま

す。

消費者・顧客が商品・サービスを購入する際の選択肢は二つしかありません。「価格」と「嗜好」です。デフレ不況下では九十五％の消費者が低価格を求めます。したがって、価格が競争優位・差別化要因の一つとなるのです。

価格設定は、大きく「利益の確保を重視した戦略」と「価格で一気にシェア拡大を狙う戦略」に分けられます。前者は上位のセグメント（富裕層・トレンドに敏感な層）に合わせた価格設定で、短期間でコストを回収するのに対し、後者は見込み客の多いセグメント（価格に敏感な層）に合わせた価格設定で、短期間にシェアを確保、マーケットリーダーになることを意図したものです。

福岡市内には約八十のブライダル施設がありますが、すべてが競合施設ではありません。ハウスウエディングやシティホテルとは客単価が違うので、競争する質が異なります。

特に、価格設定を間違えると消費者・顧客に受け入れられず、市場に広がっていかないため、価格設定にはこまかな神経を要します。

ちなみに、「価格」の選択肢しかもたない大半の消費者に対し、それ以外の選択肢を教えるのが「プロの接客術」だと考えています。

三、商品開発のポイント

商品開発のポイントは差別化です。マーケティングでいう差別化とは、「自社商品・サービスを競合他社のそれとは異なったものと消費者・顧客に認識してもらうために、独自性をもたせること」です。

「リッツファイブ」では現在、各種パッケージを展開していますが、それらはどれも前述したマーケティング戦略に基づいています。消費者を細分化し、得意とするそれぞれのターゲットに対し、強みやベネフィット（便益）を効果的に訴えられるよう明確に位置づけられたものです。

また、「レイジーシンデレラ」はウエディングドレス発祥の地ミラノへ行き、展示会「Ｓｐｏｓａ Ｉｔａｌｉａ」でウエディングドレスを購入しています。年間百〜百二十着のウエディングドレスを国内・海外のメーカーから購入していますが、仕入れ予算にも限界があるので、集中的に予算投入を図っています。その一つがユニークで上質なつくりで評価が高い「メアリー・カサブランカ」です。「メアリー・カサブランカ」は、日本では「レイジーシンデレラ」しか購入を続けていない商品で、このマーケットでのカテゴリー・チャンピオンに育てることを企図しているのです。何よりも、「レイジーシンデレラ」は路面店店舗であるのが最大の特徴です。

平成二十二年には一体百八十万円以上する甲冑《かっちゅう》を六体購入しました。これも、他の貸衣装店や式場には常備されていないもので、差別化なのです。

四、コト的マーケティングの実践

商品とは「消費者・顧客に対するベネフィット」です。ベネフィットとは、消費者が求める機能・品質を満たすのは当然として、「商品を購入・使用することによって何が得られるのか、どのような問題が解決されるのか」ということで、顧客に対する満足感や心地よさを与えなければなりません。

特に、ブライダルビジネスにおいては、ハードとしての建物・バンケットなど商品のモノとしての側面を強調したモノ的マーケティングから、「結婚式」「披露宴」にかかわるサービスによってもたらされる、変化、喜び、楽しみ、感動、満足など商品のコトとしての側面を強調したコト的マーケティングの実践が求められます。

「リッツファイブ」が平成二十三年に特に力を入れているコト的マーケティングのテーマは、

①ストーリー競争戦略の策定（特にストーリーのある婚礼料理の提供です）。
②意外性の演出。
③花嫁料理教室の実施。
④三年後のプロポーズの実施。
⑤ｉＰａｄによるプレゼンテーション。
⑥３Ｄ映像演出の実施。
⑦コーヒーお持ち帰りサービス。
⑧当日発行の披露宴新聞（ニューズレター）

などです。

五、セールス・フォース

消費者・顧客に対してニーズを引き出し、契約に持ち込む部門を「セールス・フォース（販売部隊）」と呼びます。住宅や車、保険、互助会（会員募集）、ブライダルなどの高額な商品を扱う業界の場合、セールス・フォースの力量によって売上高は大きく左右されます。

「リッツファイブ」は、他のホテルやハウスウエディングなどの競合他社が採用している「一貫施行制」はとっていません。来館者の多くは土・日曜日に訪れます。当然、施行も土・日曜日に集中しています。このとき、一貫施行ではどうしても施行にエネルギーが注がれ、新規客をなおざりにしてしまいがちです。それでは成約率は上がっていきません。

「リッツファイブ」には「ＳＰ」と称する契約専門のセールス・フォースを六人配しています。そして、婚礼設計として売上を上げる専門の「フロント」（六人）、施行を専門とする「業務課」（六人）というように、役割を特化した体制をとっています。

一貫施行ではなく、セールス・フォースを採用しているのは、量としての契約が欲しいからです。

六、セールス・プロセス

お客様には、見込み客、新規客、固定客、ロス客（見込み客の段階でのロス客と固定客化しなかったロス客の二種類）の五種類があります。セールス・フォースは見込み客を顧客に変えていくために、セールス・プロセスをしっかり認識し、広告・宣伝によって見込み客を集め、契約をし、アフターフォローで終わるステップを顧客の購買心理「ＡＩＤＭＡの法則」に照らして一段ずつ登っていくのです。

ＡＩＤＭＡの法則

Ａ＝Ａｔｅｅｎｔｉｏｎ（注意を引く）

Ｉ＝Ｉｎｔｅｒｅｓｔ（興味を持つ）

Ｄ＝Ｄｅｓｉｒｅ（欲望がわく）

Ｍ＝Ｍｅｍｏｒｙ（記憶し、比較検討する）

Ａ＝Ａｃｔｉｏｎ（購入する）

七、ブルー・オーシャン戦略

先に、商品開発のポイントは差別化であることを述べましたが、レッド・オーシャン（競合市場）で成功するには差別化が欠かせず、これには二つのパターンが存在します。それは「合理性」と「非常識な戦略」です。

「さすがだ」、「あれはいい」と他社からも評価される差別化は、競合他社がすぐに模倣します。これに対し、「バカな」、「どう考えてもおかしい」と非常識で軽蔑される差別化はなかなか模倣されません。そして後から考えてみると「なるほど」と納得できる合理性があって後追いしますが、ライバルとは差がついてしまいます。

ここで最も重要なのは、競合が存在しないブルー・オーシャンをつくりだすことです。それは、競合他社が打ち出していない別の軸、オリジナリティを求めることです。

当社におけるブルー・オーシャン戦略の一例をあげると、ブライダル・パーティ式服・全員分を無料提供したり、手品と寸劇によるブライダルストーリーを展開、社員によるハンドベル演奏サービス。サンデースーザンをでき婚専用会場としたりするなど、さまざまな展開を実施しています。最近準備している花嫁料理教室や挙式場同窓会、披露宴当日発行の新聞といったメニューも新たに加わりました。

集客・販売の仕組み作り～集客・売上の方程式を知る～

一、集客の仕組みの「見える化」

ビジネスの基本は「集客」であることは神田昌典氏のマーケティングで述べましたが、ここでは集客の仕組みの「見える化」について考えてみましょう。

「集客の仕組みの『見える化』」とは、自社のお客様がどこからどのようにして集まってくるかを「見える化」した「集客・営業設計図」を作成することから始まります。

次に、広告・宣伝で見込み客を集め、営業にはその見込み客をクロージング（契約）することに集中させる仕組みをつくります。

①広告・宣伝によって見込み客を効果的に集める。

②見込み客を成約して、既存客にする。そして、信者化する。

③既存客に繰り返し購入してもらい、固定客にする。ですが、ブライダルマーケティングでは既存客のまわりから新しい客を集めるです。

というフローを組み立てることが重要です。特に、一般的にブライダルビジネスは一過性のビジネスだと思われています。私はブライダルビジネスはリピートビジネスでもあると思ってます。実際に挙式・披露宴をあげた顧客からの口コミによって、商品・サービスのよさを伝えて評判を広げるとともに、披露宴の参加者のなかから次の結婚式利用者を募る仕掛けも重要です。なぜかならば、集客の方程式は、広告・宣伝×口コミ×リピートなのです。

二、広告・宣伝（集客）

広告・宣伝は事業を成長させる極めて重要なツールです。結婚情報誌（『ゼクシィ』）や結婚情報サイト（「ゼクシィｎｅｔ」「メロンネット」など）、自社ホームページ、モバイルサイトなどが主なツールとなります。

広告・宣伝で大切なのは、次の点です。

①商品を売ることではなく、興味のある人を集めることに徹する。
②「今すぐ客」だけでなく、「そのうち客」も集める。
③資料請求を増やすためには情報ツールのタイトルが重要。

新規客が自社の施設を選ばないのにはある決定的な理由があります。「なぜ、『リッツファイブ』を選ばなければならないのか」、その理由がお客にはわからないからです。理由はシンプルで、商品力や価格、接客・サービスでもありません。だから決定的な魅力的提案をすることです。お客の選択基準は、まずは「価格」しかないから、この点をアピールして集客します。

衣料品大手の「ユニクロ」をイメージしていただきたい。ユニクロの成長要因の一つには「商品の絞込み」があげられます。あれだけの商品を揃えながら、「なんでもあります」という広告・宣伝はほとんど行っていません。「フリース」、そして次に「エアテック」を投入し、それぞれ一本に絞って広告・宣伝を行っています。

つまり、「どうすれば売れるようになるのか」と考えるのではなく、「消費者が買いたくなるためにはどうすればよいのか」を考えることです。

さらに、お客様から反応を得るためのポイントは、三つあります。

①オファーを用意する（無料サンプル・無料小冊子）。
②問題点を提起する（お客様に問題点を気づかせる）。
③ミッションを示す（この商品・サービスを通じて、社会に貢献する、使命感を伝える）。

「リッツファイブ」では、年間来館者数千五百二十六組、年間資料請求数千十二組で、最も集客が多いのは一月です。そうすると、前月の十二月にどのような広告を出しているか、集客力を高めるような内容になっているか、年間予算のなかで柔軟な配分と組み立てができているかなどのチェックが必要です。広告・宣伝における資料請求・来館という効果測定と分析を欠かさずに、適宜見直しを図るのです。

式場選びをするカップルは平均して三回くらい結婚情報誌を購入して検討を重ねるといいます。当然、内容や写真にも興味・関心をもってもらえるような変化が求められます。

今日のブライダル業界における「勝ち組」と「負け組」の決定的な差は、集客力の差にあります。決して成約率ではないのです。「リッツファイブ」における成約率は四十七〜四十八％です。これが八十〜九十％になることはありえません。成約率は平均五十％程度といわれているので、施行組数を増やすには圧倒的な集客力（見込み客の形成）こそ、絶対条件となります。

三、資料請求・来館

広告・宣伝に対して資料請求・来館という反応を示した消費者がここではじめて見込み客となります。ここで注意したいのは、見込み客とはお客様ではなく、お客様になる見込みであるという点です。したがって、この段階で電話やメールをしてしまうと、うるさがられて逃げられてしまいます。リッツファイブの見込み客は①資料請求者と②来館者です。

結婚情報誌やホームページを見て、すぐに来館をせずに資料請求する人には魅力的な資料の数々とラブレターを送ります。

「リッツファイブ」では、必ずスタッフが直筆で、購入したくなる感情をリストアップして刺激し、思い、理念、体験といったストーリーを文章化して送っています。それも便箋三枚以上で書くと効果が上がるというデータがあります。この具体的な文章のテクニックは「ＰＡＳＯＮＡの法則」です。

「リッツファイブ」では、資料請求時にラブレターとともに魅力的な資料としての「幸福の玉手箱（ＨＡＰＰＩＮＥＳＳ ＢＯＸ）」を送っています。

①パンフレット（「リッツファイブ」の施設内容、料理メニュー、オプションリスト）。
②「レイジーシンデレラ」ドレスパンフレット。
③挙式・披露宴の様子をレポートした「ＲＩＴＺ　ＴＩＭＥＳ」。
④コーディネーターの写真とコメント、「リッツファイブ」の特徴を記した小冊子

「恋するＲＩＴＺ５」。

など、差別化した資料（アイテム）をパッケージとして一式送っています。しかも来館があるまで、送付する資料や内容を変えて、複数回送付しています。

実は、資料請求の数に対する来館者数の割合はほぼ一定です。仮に百件の資料請求があったとしたら、一回の資料請求での来館者数は二十組程度だとします。ここで終わらせるのではなく、残りの来館していない八十組に対してもう一度資料とラブレターを送ります。そうすると、また二十組程度の来館があります。またしばらくして残りの来館していない六十組に対して資料とラブレターを送ります。また反応があります。こうして、顧客に対しても効果的に複数回にわたって動機づけを重ねていくことが重要なのです。

集まった見込み客を顧客リストとして整理しておくことも重要です。「リッツファイブ」では、資料請求の際の顧客情報をすべて管理し、年齢や地域、希望などを照らし合わせて、共通点が見つかりそうな担当者に振り分けをして接客を担当させています。

「リッツファイブ」では、見学や予約状況が、スタッフ全員が一目でわかるように顧客台帳に整理して貼り出しています。両家名、紹介者、来館日時、仮予約日と会場、試食の有無といった情報を書き込んでいるものです。情報の共有です。

四、接客

新規の来館者は、施行とともに打合せのお客様が集中する土・日曜日に多く訪れます。慌しいなかで新規客をしっかりと確保するためにも、スケジュール管理と場の設定は欠かせません。「リッツファイブ」では、前述したように施行部門の業務課とは別に、契約専門の「ＳＰ」がスケジュール管理を行い、担当者と打合せテーブルを決めて来館者の対応にあたっています。

この場合、来館者の時間を事前に確認しておくことも徹底しています。式場側からすれば、より多くの来館者を限られた時間で接客したいし、時間が把握できていればヒアリングと提案を絞り込んで行うこともできるのです。

お客様が来館して初めに名刺を渡すとき、「今日は暑いなかお越しいただき、ありがとうございます」、「遠くからお見えになったのですね。ありがとうございます」と、労いの言葉を一言添えることにしています。また、予め接客の時間も二時間とか三時間とか設定します。お客様の集中力を考えてのことです。（このようなことをプロシージャといいます。接客の手順です）。

セッティングされた式場を案内する場合は、iPadなどのツールを使って、目の前の「空間（場）」にプラスして、披露宴の動画（演出）を見せてイメージをわきやすくするプレゼンテーションも積極的に行っています。

お客様の心理に「読まない」、「聞かない」、「信じない」、「行動しない」があります。この障壁を取り除くために、客観的な証拠も必要です。それは実績です。資料請求の際に送付する『RITZ　TIMES』は証拠集です。ここでは「年間○組が挙式・披露宴をあげています」「こんな希望もかなえることができます」「遠方からでも送迎バスを用意しますので、交通手段の心配も要らないですし、親族の方もみなさんで楽しくお越しいただけます」などの特徴とストーリーとして語ってます。

「リッツファイブ」の特徴は、

①わがままウエディングの実施（可能な限りお客様のわがままを聞く）。
②提供する婚礼商品・サービスがマーケット一リーズナブルである。
③婚礼商品・サービスは徹底的に上質に進化させている。
④意外性の演出にこだわっている。
⑤婚礼商品体系（見積書）にいつわりがない。
⑥サービススタッフを徹底的に教育・研修・訓練して鍛えている。
新しく花嫁料理教室のオープンを準備中です。

そして、最後に帰り際にスタッフ直筆の思いを込めた手紙（サンキューレター）を渡すことも効果が高いので実行しています。イメージや感情が高ぶっているタイミングの時にアプローチすることが重要なのであって、メールや数日後では遅いのです。

五、契約・設計

（一）即決による稼働の最大化

現在、課題として強化しているのが「即決」です。九州では一般的に、仮予約から成約という流れになりますが、仮予約から成約まででキャンセルされた場合、稼働の空白が生まれてしまいます。限られた会場と日数で最大の組数を獲得するためには、このロスを最小化し、稼働率を高めるしかありません。

そこで「二十四時のシンデレラ」と呼ぶ来館当日の二十四時までに契約したカップルには、毎週異なった特典を付与するサービスを行っています。これに「ぜひ、私に担当させてください。期待は裏切りません」という「魔法の言葉」や、帰り際に「帰ったらお読みください」と情熱のこもった手紙（サンキューレター）を手渡して後押しをして即決に導くのです。現在、即決率は全体施行数の七割に達し、稼働率のアップに大きく貢献しています。

商品・サービスを販売する際に、「顧客が今買わなければならない理由」をつくることは非常に重要なのです。いつでも買えるとなると、意思決定や行動を引き延ばす口実をつくってしまいます。また、人は誰にでも手に入るものには魅力を感じません。限られた人にしか許されない「権利」だからこそ、顧客はそれを手に入れることに優越感を感じ、その商品・サービスを購入する特別な理由を得るのです。このことが「二十四時のシンデレラ」です。

（二）売上の最大化

「リッツファイブ」は施行数の最大化とともに、売上の方程式を駆使して売上の最大化に多くの労力を割いています。この方程式が売上＝招待客数×客単価です。

お客様の「安く挙式・披露宴をしたい」というニーズは変わりません。それが招待客数を増やしたほうが得になることを伝えることが重要となってくるのです。「リッツファイブ」では、「人間関係図」を用いて招待客数アップのイメージを作っていただいてます。さらに、少しでも多くの人を招待できるよう招待状十枚をプレゼントしています。

挙式・披露宴といったブライダル商品の売上は次の商品の三つで構成されています。

①掛算商品（料理、引き出物など）。
②足算商品（アルバム、ＤＶＤ、演出オプションなど）。

③宴外商品（欠席者などへのギフト）。

それぞれの段階で複数のアプローチによって客単価をアップさせていくことが重要です。このとき、「価格」しか選択の基準をもたない大半の消費者に対し、それ以外の判断基準を教えるのがプロのコーディネーターです。

六、施行

「リッツファイブ」のコンセプトは低価格政策で高品質なサービスを提供することです。品質はカップルの希望を最大限聞いて実施する「わがままウエディング」や、スタッフによるハンドベル演奏や寸劇、着ぐるみでの登場、手品披露など「意外性の演出」として徹底したこだわりを追求しています。

こうした高品質な商品・サービスを提供できるのも、施行スタッフの派遣をする企業をグループ内で抱えているためで、社員もアルバイトも考え方や理念を共有することができているのが強みです。

七、口コミ・リピート

「リッツファイブ」の真骨頂はリピーター率が48%であることです。２０１１年はこれを89%にすることがテーマです。ブライダルマーケティングでのリピートとは、挙式者のまわりから新規客の挙式を誘致することです。

「勝ち組」でいられるためには、お客様との「絆づくり」ができるようになることです。お客様との信頼関係ができると、商品・サービスを選ぶ基準が価格ではなくなります。たとえ価格が高くても、「あなたから買いたい」（リピート）、「あの会社は信用できる」（口コミ）となるのです。

口コミは、起こりやすい業種とそうでない業種がありますが、ブライダルビジネスはリピートビジネスだと、私は思ってます。。口コミ・リピートを高めるための具体的なテクニックは結婚式・披露宴を上質に仕上げること、さまざまなリピートが起こる仕掛けをすることです。たとえば、「挙式新聞の配布」、挙式同窓会、花嫁料理教室などなどです。

競争市場で勝ち残るためのネクスト戦略

次に、これからの競争に打ち勝つためにわが社が取り組んでいるＩＴ戦略について述べてみます。

一、ＩＴ戦略――差別化した多様な仕掛けを用意

その一つがＩＴ戦略です。

（一）ホームページの集客戦略と展開

現在、「リッツファイブ」では、自社のホームページを中心に、「ゼクシィネット」、「ブラポ」、「メロンネット」の各結婚情報ポータルサイトと、口コミサイト「ウェディングパーク」などの展開を行っています。各サイトには、施設情報・写真、プラン、フェアなどの基本情報と体験者の口コミなどの掲載に加え、自社ホームページへのリンクなどコンテンツ同士の連動性には特に配慮しています。

現在、資料請求・来館予約の九割は、ホームページを経由したものとなっています。『ゼクシィ』創刊（平成五年）によって、広告・宣伝の重要性が増したことは繰り返し述べてきましたが、顧客が式場選びをする過程では、雑誌媒体でいくつもの式場を見比べて気に入った施設をピックアップし、詳細をホームページで確認するという流れが定着しています。どちらか一方では不十分で、雑誌媒体とホームページの戦略的な展開が求められているのです。

ただ、ネット社会では大量の情報があふれていて、自分たちがターゲットとしている顧客のもとに、正しく情報が提供できているかというと、そうではありません。

そこで、パソコンとモバイルサイト両方のコンテンツをこまめに更新することは当然として、自社ホームページには適切な箇所に資料請求・来館予約ボタンを配置し、集客に結びつく仕掛けを行なっています。

「リッツファイブ」のホームページは、平成十九年九月に、ホームページからの集客を得意とする「ケセラセラジャパン」と共同で大幅な刷新を行いました。リニューアル当初、ホームページの閲覧件数は月に千五百件程度、資料請求・来館予約は〇〜二件という程度でしたが、現在はアクセス数が増え、それ以上に資料請求・来館予約の件数も増えています（実際二十六倍増の実績です）。
主にリニューアルのポイントとしたのは次の点でした。

①ターゲット選定。
②デザイン戦略。
③ウェブマーケティングの実施。
④動線戦略。
⑤素材。

①ターゲット選定と②デザイン戦略は密接に関係していて、「リッツファイブ」の低価格で高品質なサービスを提供するというポジショニングをホームページ前面で表現。黒をベースにしたスタイリッシュなデザインと、周辺で高い人気のブライダル施設のデザインコンセプトを採用しています。これによって、他の会場に流れていたグレードの高いデザインに反応する低価格層やミドル層の集客に貢献しています。
③ウェブマーケティングは、検索サイト対策を強化。キーワードの埋め込みや定期

的なＳＥＯ対策によって、大手検索サイトにおいて、「結婚式場 福岡」など検索数の多いキーワードでは、検索結果一ページ目の上位に表示されるように強化しています。ホームページの閲覧件数が増えるということは、それだけ資料請求・来館予約の件数が増加する可能性があります。

さらに、アクセス解析ソフトを使って、どのページをどのくらい時間をかけて見ているのかなど、効果測定も細かく行っていて、次回の更新時の参考データとしてコンテンツ施策の改善に役立てています。

④動線戦略も重要なテーマの一つ。ホームページ展開の目的は集客です。集客の入口となる「資料請求」、「来館予約」ボタンが目立たない場所にあったり、無機質なものであったりしては、顧客は反応しません。ここでも、意識や感情に訴えるエモーショナル・マーケティングを活用して、「会場見学にいらっしゃいませんか？」、「バンケットルーム、リニューアルオープン。新しくなった『リッツファイブ』をぜひご体感ください」と親近感のあるメッセージを添えることで、顧客の誘導効果を上げていくことができます。

加えて、トップページやバンケット、プランのページだけでなく、料理のページに試食会の予約ボタンを配置したり、トップページにも人気が高い「無料試食会」のバナーを掲出したり、顧客ニーズに合わせて、ページの動線を適切に配置することによって集客アップが計れます。

⑤素材は非常に重要です。綺麗にコーディネートされた会場写真よりも訴求力が高いのは、実際に披露宴を行ったカップルの口コミです。「カップルズボイス」というページには常に十組以上の披露宴の感想を動画で紹介しています。パンフレットには「お客様からいただいた感謝のお手紙」を掲載していますが、ホームページではWebの特性を活かして、動画コンテンツを使い、臨場感あふれる「生の声」を伝えています。

最後に、ホームページ戦略において常に現場に意識させていることは、「素材」を集めることです。ホームページをこまめに更新するにも素材がなければできません。季節感や流行、話題、実際の披露宴での出来事など、担当者だけでなく全員で些細な素材でも普段から集めておく工夫が必要です。

二、タブレット型PC端末の活用

ｉＰａｄなどのタブレット型ＰＣ端末の登場によって、来館者への接客でより効果的なプレゼンテーションが可能となりました。

「リッツファイブ」での導入例としては、持ち運びが容易なタブレット型ＰＣ端末の特性を活かし、会場見学の際、来館者にバンケットの前で実際の披露宴の動画を見せると、目の前の空間ににぎやかな演出と臨場感が加わり、自分たちの披露宴のイメージがつくりやすくなります。

「レイジーシンデレラ」では顧客へのプレゼンテーションのツールとして平成二十三年からｉＰａｄを導入しています。平成二十二年に専門業者とタイアップして開発した「衣装管理システム」を、従来のパソコン上での展開から、膨大な情報量と衣装の画像拡大や動画機能など、タブレット型ＰＣ端末の特性を活かしたバージョンアップを図りました。

「衣装管理システム」とは、「レイジーシンデレラ」の二千種類にも及ぶ衣装や小物にすべてにＱＲコードを付けて写真と商品情報をデータ管理すると同時に、来店者には個人専用ページを開設し、試着したドレスやお気に入りの衣装を携帯電話の画面で管理できるという優れものです。

ここで「お気に入り」として登録した衣装はプリントアウトして顧客へ手渡すことができ、顧客一人ひとりの専用アドレス（URL）とQRコードも印字されるので、自宅のパソコンや携帯電話でも好きな時間に専用ページにアクセスして、「お気に入り」の衣装を見ることができるようにしてあります。

この機能は顧客の囲い込みに寄与するとともに、口コミで友人・知人へと広がっていきます。また、家族と相談して両親の留袖やモーニングなどもレンタルしてもらえるようになったりして、単価アップにも貢献が期待できます。

来館・来店率を高めるための仕組み――資料請求に隠された「営業の武器」

来館、来店率を高めるための取り組みは次のようなものです。

一、セミナー開催による集客力アップ

ここでは「レイジーシンデレラ」で行っている来館・来店率をアップさせるのに特に効果的なセミナーの開催と、「PASONAの法則」を使った手紙の書き方について詳述します。「PASONAの法則」は、私の師・神田昌典氏から教わったものです。

「レイジーシンデレラ」が新婦を対象に行ったアンケートによると、新婦で体型にコンプレックスのある人は九九・八％にのぼります。また、ドレスを選ぶときに気になるのは二の腕、お腹、お尻です。少しでも痩せたい……、綺麗に見せたい……、こうした誰でも抱える悩みを挙式までの間に解決して、安心して挙式日を迎えてもらうためのセミナーをレイジーシンデレラでは無料で定期的に開催しています。

セミナーの内容は、「メイク術やネイル」「笑顔のつくり方」「美しい所作」「小顔になるためのマッサージ法」「損をしない・後悔しないドレス選び方」などさまざまです。新婦の不満、不安、困ったことを解決することがテーマです。

セミナー開催のうえで重要なことは、「営業の武器として使う」ことです。

従来であれば、広告・宣伝で見込み客へアプローチという一連の営業プロセスがあります。それを、「見込み客が抱えている問題点と解決策」「契約を決断するための要素」をテーマとしたセミナーを開催することで、参加者にインパクトを与え、決断を促すという営業プロセスに変えるものです。

セミナー展開にあたっては、資料請求のパンフレットやホームページなどに、ＱＲ

コードを貼り、会員登録をしてもらいます。そして、個人専用のページに、最新セミナーや新着ドレス、イベントなどの情報をメールとともに発信するスキームとなっています。

二、「PASONAの法則」を使った手紙の書き方

前に資料請求者にスタッフが直筆で感情を込めた「ラブレター」(手紙)を添えて資料を送ることについてふれましたが、ここでは来館・成約率のアップには欠かせない具体的なテクニックを紹介します。

それはカリスマコンサルタントの神田昌典氏が提唱する「PASONAの法則」というテクニックを使うことです。商品・サービスが売れる文章を書く秘訣とは、インパクトのある言葉やフレーズを使うことではありません。

それが、ある順番に従って文章を展開することで、反道徳的なほどに人の感情を「買いたい気持ち」、「行きたい気持ち」にさせることができるようになります。この文章の展開の順番こそが「PASONAの法則」です。

人間は感情のバランスを常に保とうとしていますが、いったん感情的なバランスが崩れると、そのバランスを取り戻そうとします。それが「行動」です。手紙では感情を刺激し、行動を呼び起こすことを企図するのです。その手順は以下の通りです。

①問題点の明確化（Ｐｒｏｂｌｅｍ）

顧客（読み手）の悩みや不安、問題点をはじめに明確に示し、問題が起こっている場面を具体的に描写してみます。たとえば、衣裳店の資料請求に対して送付する手紙であれば、花嫁候補の多くは間違ったドレス選びをしています。また、多くの女性の体系は一様でなく、ピタッとくるドレスに出会うことは余りありません。だからつい妥協してしまうのです。

②問題点の炙り立て（Ａｇｉｔａｔｉｏｎ）

ホテルやハウスウエディング系の衣裳店は普通専門店が高い権利金や敷金、手数料を支払って営業しています。それで九号サイズや十一号サイズといった体系の花嫁候補用のドレスを中心に展開しています。サイズの多種類展開は余り行っていないのが普通です。大きいサイズ、小さいサイズの女性は困りますね。

③解決策を提示して、証拠を示す。(根拠)(Ｓｏｌｕｔｉｏｎ)

ここでは、具体的な解決策を提示します。「当店では、お客さまの悩みを解決するために、五号サイズから二十四号サイズまで扱っています」、「当店は式場と同じグループ施設ですので、他店よりも安い価格でご提供できます」と解決策を提示します。

また、カラーコーディネーター資格者やスタイリストの「学び」を積んだコーディネーターが花嫁候補のあらゆる悩みを解決します。

④緊急性(絞込み)(Ｎａｒｒｏｗ Ｄｏｗｎ)

現在、レイジーシンデレラでは花嫁一〇〇の困ったを解決するセミナーを開催中です。あなたの悩みを解決して晴れの日のドレス選びをしてはいかがでしょうか。

⑤行動への呼びかけ(Ａｃｔｉｏｎ)

レイジーシンデレラでは、〇月〇日、〇〇会場において、新着、ウエディングドレスのファッションショーを開催します。新着ドレスにはミラノファッションの華、カサブランカのドレスも含まれています。このブランドは国内ではレイジーシンデレラだけの輸入品です。

時代がデジタル全盛の時代だからこそ、人間味のある直筆の手紙が届くと記憶に残りやすいものなのです。

三、商品プランの開発——ポジショニングと目的性を特化させる

商品プランの開発にあたってポイントになるのは、マーケティング戦略上での位置づけを明確にすることです。

たとえば「リッツファイブ」であれば、マーケット一リーズナブルであることを標榜しているので、訴求力の高い価格設定をしています。それと同時に、稼働率の低い七、八月には「プレミアム・サマー・プラン」、平日や夜には「平日プラン」や「ナイト・ウェディング・プラン★55」、挙式をあげていない潜在顧客向けの「パパ・ママ婚プラン」など、ターゲットごとに限定プランを用意し、施行数増加の方策と位置

づけています。入口商品は低価格としても、売上の法則を駆使して客単価を上げるプロセスはしっかりと押さえてあります。

これまでは、横文字を使ったプラン名も多かったのですが、顧客が内容をすぐにイメージしやすいように、「おめでた婚バックアッププラン」や「早期申込割引プラン」「平日プラン」など、わかりやすいタイトルを付けています。

価格を訴求したプラン以外にも、いま見直されつつある「和婚」スタイルの挙式・披露宴を希望するカップルに向けた「和婚プラン」を平成二十三年は強化していこうと考えています。最近は甲冑六体の購入で利用者が多発しています。

四、リピート率を高める二十の仕組み――「固定客化・信者化」は勝ち組の必須要素

ブライダルビジネスはリピートビジネスです。また、集客の方程式は「集客＝広告・宣伝×口コミ×リピート」です。

口コミとは実際の経験者が商品・サービスのよさを他の人に話すことによって評判が広がっていくこと、リピートとは披露宴に出席したお客の中から、挙式申し込みす

ることです。リッツファイブのリピート率は48％です。設備がすばらしいだけでなく、提供される挙式・披露宴といったサービスが高品質であれば、リピート率は高くなります。

「リッツファイブ」でも口コミ・リピートは永遠のテーマであり、顧客との「絆」づくりには特に力を注いでいます。さて、リッツファイブのマーケティングの具体例をここで紹介します。

①顧客の記憶に残る名刺をつくる。

顧客の記憶に残り、自ら行動を起こしてもらうきっかけとします。初対面の顧客に話題のきっかけを提供します。名刺は年に何度か見直しています。

②口コミカードをつくる。

「こんな結婚式場です」、「このカードをご持参いただくと○○をプレゼントします」など。

③結婚式にかける「想い」、「情熱」を伝える小冊子をつくる。

全スタッフの顔写真と仕事に対する想いや情熱的な言葉が詰まった小冊子をつ

くっています。
④顧客の共感を得るために「自己紹介新聞」「スタッフの個人新聞」をつくる。
名刺では顧客に伝えきれない想いや情熱、プロフィールや趣味を新聞形式でつくっています。
⑤口コミ伝染病をつくる。
「それって何?」、「かわいい、どこでもらったの?」と、すぐに話題になるような小物を用意。「リッツファイブ」のシンボル「アップルピン」を結婚式に出席した全員に無料で配布しています。
⑥小冊子「RITZ TIMES」をつくる。
月に二回発行しているニューズレターを六か月ごとに小冊子にして、資料請求者や挙式者に配布しています。経験者の声は顧客に対して強力な証拠となるのです。
⑦披露宴終了時に「挙式者・招待客」の即日新聞(号外)を発行する。
当初、衣装前撮り者を中心に発行していましたが、現在は挙式者全員を対象に新聞形式で即日発行しています。
⑧販促に使える「お客様の声カード」をつくる。

プレゼンテーション、資料請求の際の「証拠」として販促に使用することを目的に、「よかった点」に絞ってアンケートを行っています。これをそのまま小冊子にまとめ、販促材料とするのです。

⑨おもしろい、いろいろな婚礼パッケージを用意する。

前項のようなユニークな商品プランを用意し、小冊子にします。

⑩モレなく、ムリなく「手紙」、「礼状」を出す。

デジタル全盛期だからこそ、スタッフの直筆の手紙は効果が高いのです。

SPからフロントへ顧客を引き継ぐ際の手紙例

・SPの契約に対するお礼状。
・フロントとの打合せ状況を両親に報告する手紙。
・結婚式が終了したときの手紙。
・新婦のドレスに添える手紙（長所をほめる）。
・新郎の服のポケットに入れる手紙（雄々しさをほめる）。
・即日新聞の発行（スタッフの思いを記事にする）。

・手紙やお礼状を出す予定日を「見える化」する。

⑪お持ち帰りＣｏｆｆｅｅと二人の写真をつくる。
「レイジーシンデレラ」の来店者へ発行している会員カードに、二人の顔写真を載せようとしましたが、写真を嫌がる来店者が多かったため、二人の写真入りのコーヒータンブラーをプレゼントすることを口実に、顔写真を撮影。自宅などで使うことで口コミも見込めるものです。

⑫挙式者同窓会という仕組みをつくる。
「リッツファイブ」の結婚式は、インフォメーション、ＳＰ、フロント、業務、料理部門といったスタッフの総力で成り立っています。年に二回、挙式した新郎新婦とスタッフが一堂に会するイベントを開催し、固定客化・信者化を図っています。

⑬「花嫁の困った」を解決するセミナーを開催する。
新婦には百項目程度の「困った」を解決するセミナーを開催。

⑭資料請求者に対する「ＨＡＰＰＩＮＥＳＳ ＢＯＸ」の作成。

資料請求に対する送付物の差別化です。パンフレットのほかに、スタッフ紹介の小冊子、演出集DVD、経験者の披露宴の様子をまとめた小冊子なども一緒にした「HAPPINESS BOX」を作成しています。

⑮「幸福のストーリーのある」絵本プレゼント。

挙式者の名前の入ったストーリーをつくり、これを絵本にし、挙式終了後プレゼントしています。

⑯花のあふれる結婚式場をつくる。

ギフトショーで知った「ハクサン・インターナショナル」のシクラメン箱花システムからヒントを得て、白い壁面に花を飾り、季節感を表現しています。

⑰駐車場までのお見送りと「帰ってから読んでください手紙」を渡す。

SP、フロントスタッフは打合せが終わった後に、顧客を駐車場まで送り、そこで「帰ってから呼んでください」と手紙を渡しています。最近思うこと、最近のブライダル事情、急ぐ打ち合わせ内容などが書いてあるとベスト。

⑱「花嫁料理教室」の開始。

「リッツファイブ」で結婚式をあげた新郎新婦と「レイジーシンデレラ」で衣裳

をレンタルした新郎新婦を対象に、料理教室を開催します。現在、「リッツファイブ」の隣接地に料理教室会館の建設計画を進めているところです。

⑲「三年後のプロポーズ」を実施。

「リッツファイブ」で結婚式をあげた新郎新婦に、それぞれ相手へ三年後のラブレターを書いてもらいます。それを「リッツファイブ」で保管し、三年後に開封するイベントを開催するのです。また、Ｗｅｂ上にタイムカプセルを置いて、招待客にもタイムカプセルにメッセージを書き込んでもらいます。

⑳ｉＰａｄによるプレゼンテーション、ＹＥＳ設定とオオム返し、タッチパネルによるプレゼンテーション。

先述したｉＰａｄの動画機能を活用したプレゼンテーション力のアップ、顧客がＹＥＳと答えるような問いかけ、オオム返しで共感を相手に伝える話法の習得を目指します。

第五章

新しい葬儀ビジネスとマーケティング

ビジネスモデルの崩壊とマーケットの変化

冠婚葬祭ビジネス、特に葬祭ビジネスは、長い間互助会というビジネスモデルの上に成り立っていました。しかし、このモデルは崩壊しつつあります。

戦後に生まれた冠婚葬祭互助会というビジネスモデルは、昭和四十七年に改正割販法の規制を受け、許可事業となり、社会的地位が明確となって、以後発展を続けてきました。

しかし、このビジネスモデルも、少子化・高齢化という人口動態の変化、若者文化の流行の変化、結婚情報誌『ゼクシィ』の登場（平成五年）などで劣化してしまいました。結婚と葬儀というパックが機能しなくなったのです。若者は個性化、多様化を好むようになり、結婚式の形が多様化し、葬儀とは別の市場が生まれ、それまで一体だった冠婚葬祭ビジネスが分化し、パックでのサービスの提供という形が成り立たなくなりました。

加えて、改正特商法の施行（平成二十一年十二月）、消費者庁の設置（平成二十一年九月）により、消費者保護が強化され、訪問販売が難しくなりました。そのため、募集コストがアップ。さらに会員管理コスト、保全コスト、解約コスト、そして税コスト、問題互助会処理コスト（経営破綻互助会の処理コストの業界負担）などのアップも加わり、最早「黄金のビジネスモデル」とは言い難くなりました。困ったことに、契約に終了がない、施行率が低いというビジネスモデルの欠陥も浮き彫りになりました。

このようなことから、冠婚葬祭互助会というビジネスモデルは崩壊していると言えるでしょう。

一方、社会情勢、経済情勢も大きく変化しています。

高度成長時代の多婚少死・同質化現象は低成長時代に入って少婚多死・異質化傾向となりました。少子化、高齢化（六十五歳以上が五人に一人）、晩婚化、非婚化（男性の生涯独身率十二・四％、女性の生涯独身率五・八％）、出産率の低下（一・三九人）などの影響もあって、冠婚葬祭ビジネス界は大きく変わらざるを得ない状況になっています。

日本の人口動態の変化のほかにも、コミュニティも大変化しています。企業社会の崩壊は、一生会社に就職することが不可能となりました。大家族制度も崩壊し、親類の数も減り、直葬・家族葬が流行し、葬儀マーケットは混乱状態にあります。このような変化も冠婚葬祭互助会というビジネスモデルの崩壊を加速しています。それゆえに、葬儀ビジネスの新しいビジネスモデルが必要となっているのです。

無縁社会から有縁社会へ

大きく変化してきた日本社会で新たな葬祭ビジネスを展開するには、現代社会の特徴をまず理解しなければなりません。

現代の日本の特徴を一言で言えば、少子高齢化となり、無縁社会、独身世帯社会となったということです。それを数字で見れば、孤独死数が年間三万二千人にもなり、自殺者の増加も無縁社会と無関係ではありません。

また、子どもの同居の激減、六十五歳以上の単身者の増加、平均寿命の伸びにより、独身世帯が増え、今千五百万世帯にもなっています。しかも、今後、四割弱が単独世帯となるといわれています。加えて、未婚者も増加しています。草食系男性が増加したため、男性の生涯独身率が十六・〇%に、肉食系女性が増加し、女性の生涯独身率が七・三%になっているのです。

結婚しても、離婚率が高く、離婚しなくても、子どもを作ろうとしない人が増えています。

見合い結婚ではなく、恋愛結婚が増え、愛情がなくなったら別れるといったケースです。女性の社会進出が進み、男女間の賃金格差も縮まり、女性が自立できるようになりました。血縁・地縁による援助や監視がなくなり、周囲に気を遣うことなく自由に離婚を決められるようになりました、まわりの人々が離婚に対して寛容になり、離婚への抵抗感が薄れました。子どもを生まない夫婦が増え、子どものために離婚を思いとどまるということもなくなりました。平均寿命が延び、子育てが終わってから長く夫婦で過ごす時間が増え、嫌な人とは、一緒に暮らしたくないという人が増えました——これらが離婚の増加の原因となっています。

このようなことの結果、「高齢になっても一人で住む人」「結婚しないで一人で住む人」「離婚して一人で住む人」が増えています。その結果、日本は無縁社会となってしまったのです。

そこでこの無縁社会の日本で葬儀ビジネスを成功させるには、有縁社会を構築する新しいビジネスモデルを打ち出さなければならないというのが、私の考えです。そのキーワードは「葬儀は生命のバトンタッチである」といった考え方です。

相田みつお氏の詩に次のようなものがあります。

父と母で二人
父と母の両親で四人
そのまた両親で八人

こうして数えてゆくと
十代前で、千二十四人
二十代前では――?
なんと、百万人を超すんです

過去無量の

いのちのバトンを
受けついで
いま、ここに
自分の番を生きている
それがあなたのいのちです
それがわたしのいのちです

このように「生命のバトンを受け継ぐ」と考えてみますと、どのような時代になろうとも、人は無縁ではなくなります。人々は有縁の中で生きていると言えるでしょう。その有縁社会を実感し、生命のバトンタッチを行うのが葬儀であると私は考えます。

人類の数々の奇跡というストーリー

宇宙はおよそ百三十七億年前に誕生しました。そして太陽系ができ、太陽のまわりに七つの惑星が廻っています。水星、金星、地球、火星、木星、土星という順です。

水星や金星は、太陽に近いために二百度の表面温度でガスに包まれています。地球は太陽と非常に微妙な距離のため、地球だけ空気と水が生まれました。およそ四十六億年前の奇跡です。

地球だけが月という惑星を持っているおかげで、月の引力のために潮の満ち引きが起こり、生命が誕生しました。二つ目の奇跡です。

およそ七百万年前に人間は二本足で歩行を始め、知能が発達し、道具を使い、火を使い言葉を使うようになりました。三つ目の奇跡です。そうして、お父さんとお母さんが出会い、私たちが誕生しました。四つ目の奇跡です。

私たちは、地球誕生から今日まで生命のバトンタッチと奇跡を繰り返してきました。やがて死を迎える私たちは、「生命のバトンタッチ」を行います。これがお葬式という儀式です。最近、私はタレントの大村崑師匠にお願いして「生命のバトンタッチ」というストーリーをつくりました。DVDにして無料配布しています。「生命のバトンタッチ」が葬儀だという啓蒙活動です。

いま、冠婚葬祭ビジネスはレッド・オーシャンにあると言えるでしょう。これまで提案されてきた経営戦略理論の多くは、レッド・オーシャンでいかに成功するかということでした。

レッド・オーシャンの中では常々差別化戦略が求められます。

しかし、いかに差別化が成功しても、レッド・オーシャンの中で戦うことは、最終的には模倣されてしまいます。

もし一人勝ち企業を創ろうと思うのなら、ブルー・オーシャン戦略をとる必要があります。差別化にオリジナリティを加えるのです。このブルー・オーシャン戦略を提唱したのは、経営戦略論の研究者であるW・チャン・キムとレネ・ボルニュの両氏です。

要は、競合他社が打ち出していない別の軸を打ち出すこと、これがブルー・オーシャン戦略です。たとえば、QBハウス（十分千円の床屋）、明光義塾（個別指導型学習塾）、アスクル（文具のカタログ販売）、セコム（オンライン警備）などがそうです。海外の例ではシルク・ドゥ・ソレイユ（サーカスと演劇の一体化）などがそうでしょう。

このような形で一見成熟した業界のように見えたところでも、差別化を伴った新機軸を打ち出すことによって、ブルー・オーシャンで一人勝ちすることも可能なのです。

新しいビジネスモデルの構築

ブルー・オーシャン戦略で新しいビジネスモデルを構築するには、まず、葬儀業界で起こっていることをしっかりと認識しておかなければなりません。一般論として葬儀にまつわる状況は次のようになっています。

一、葬儀業界は斎場建設ラッシュで過当競争の状況にある。にもかかわらず投資に見合うだけの顧客がないのです。だからといって、葬儀の需要がなくなったわけではありません。顧客はいったいどこにいるのでしょうか。

二、「お客様の困った」の解決はまずインターネットのアクセスから始まっている。葬儀に関するもろもろの知識や斎場探しはとりあえずインターネットでという人が増えているのです。

三、少子化・高齢化の人口動態によってビジネスが変化している。
その結果、直葬・家族葬が増加しています。
四、孤独死が増加している。

では、消費者は葬儀に対してどのように思っているのでしょうか。

一、現在の葬儀様式に違和感を持っています。
二、葬儀の社会性が変化しています。
参列者が減少し、公共性が失われています。
三、経済的不安から葬儀のプライベート化が進んでいます。
葬儀は家族の儀式ととらえる傾向があり、プライベート化しています。
四、仏教葬に違和感を持っている。
たとえば、お布施など必要なのかということです。

このような結果、葬儀事前相談が急増しているのです。この葬儀事前相談がブルー・オーシャン戦略の一つの武器となります。

ブルー・オーシャン戦略――葬儀事前相談

お客様は一般に葬儀を日常的に経験することはなく、その知識はほとんどありません。昔のように血縁、地縁が濃厚だったときなら、誰かに教えてもらうことができましたが、今はそれもありません。

そのような状況で葬儀ビジネスを展開する時に大きな武器となるのがセミナーです。「葬儀事前相談」というセミナーを、見込み客を集めるフロント商品とするのです。

営業マンにはお客様に仕えなければならないという勝手な思い込みがあります。これが自分の営業活動を卑屈なものにしています。これに対して、セミナーを営業の武器として使うことで、お客様と短期間で信頼関係を築くことができるのです。「売る人」、「売られる人」という関係から「教える人」、「教わる人」という関係になり、結果として、高確率で顧客化できるのです。

さて、その際のセミナーの手順は次のようになります。

一、ターゲットを絞り込む（葬儀事前相談者）
ターゲットは理想のお客様だけに絞り込みます。
二、会場を決める。
三、告知の媒体を決める。
新聞、タウン誌、ポスティング、メールＤＭ、ファックスＤＭ、タイアップなど。
四、セミナーのテーマを決める。
この際、売り込みと取られないことが大切です。そのため、「病院の上手な選び方と賢い利用法」、「相続でもめない三つの秘訣」、「少額短期保険の選び方」、「健康で長生きできる楽しい食事法」というように、病院、相続、保険など、本業である葬儀の周辺分野からテーマを選び、信頼関係をしっかりと築いてから本業の話に入るようにします。
五、多くの参加者が共通して抱えている潜在的なニーズ、問題点などをクローズアップします。

たとえば、葬儀の値段、お寺さん関係、喪主の役割、遺品整理、死後の手続きなどです。

六、価格以外の判断基準を教えます。

これはセミナーで絶対に伝えないといけないことです。

七、セミナーは信頼関係を築くこと。今すぐ行動することの大切さを伝えます。

そのため、セミナーでは決して売り込まないことが大切であり、六のような価格以外の判断基準を教え（これはよいアドバイスと受け止められます）、間接的に自社の魅力を伝える形にします。また、信頼関係が築けるベストマッチの人を集めることも大切です。価格以外の判断基準を教えることによって個別相談に持ち込むことができます。

八、情報提供型セミナーと顧客獲得型セミナー。

情報提供型は参加者に情報を提供するものであり、顧客獲得型は参加者にインパクトを与え、行動を促すものです。

九、見込み客をセミナーに集める手法として小さな新聞広告を使う。これは神田昌典氏のエモーショナル・マーケティングの実践です。

　葬儀事前相談とＱＲコードを告知。携帯ホームページに誘導し、葬儀事前相談五十項目などを見てもらい、セミナーの集客に結び付けます。

ちなみに、お客様は心の中で次のような質問をしています。

一、あなたは何を売ろうとしているのか。
商品・サービスの特徴・利点が伝わっていない。
二、それは私に何の得があるのか。
なぜ、今買わなければならないのか。
三、いくらするのか。
価格以外の判断基準が伝わっていない。
四、そもそも、あなたは信用できるのか。
人間関係が築けていない。

セミナーでは、周辺分野の情報を提供したり、価格以外の判断基準を教えたりすることで、これらの疑問・不安を解消していきます。それがうまくいけば個別相談につながっていくでしょう。

新しい集客ツール——フェイスブック的集客

フェイスブックをテーマにした映画「ソーシャル・ネットワーク」が公開され、それ以降、フェイスブックバブル的現象が起きています。そして、これをコミュニケーションのツールとしてではなく、「集客」に使う人が増えてきています。

それは、フェイスブックが「ソーシャル・ネットワーク」と呼ばれているからです。つまり、フェイスブックというのは、単なるコミュニケーションのツールではなく、「人と人とのつながり」であるということなのです。

これまでインターネットの世界と現実の世界は完全に分かれていました。インターネットはバーチャル（架空）の世界であって、現実の世界とは別物と思われていたのです。インターネットではハンドルネームが常識でしたが、フェイスブックの出現で、この常識が変わってきました。現実社会で付き合う人間同士がフェイスブックでつながってきたのです。つまり、インターネットが現実社会につながってきたといえるでしょう。インターネットによって有縁社会がつくられてきているのです。

このバーチャルの世界を活用して、これを新しい集客ツールにしていくことが、これからは大切となると考えます。その一つとして私が提案しているのが、エンディングＢＯＸです。

エンディングＢＯＸを発想したストーリー

二十一世紀に入った平成十三年一月一日のことです。数年前に亡くなっていた、「へいあん秋田」の元社長佐藤亮一氏より年賀状が届きました。一瞬目を疑った私は大変ショックを受けました。天国からの年賀状なのです。すぐに秋田県大曲市の佐藤亮一氏の奥様へ電話してみました。「あなたのところにも届きましたか。実は、つくば万国博覧会の未来への郵送のコーナーで主人が出したようです」という奥様の説明で納得したものでした。

私は、このショックで新しいビジネスが何かできないかと考え続けました。

そうこうするうち、二冊の本を読む機会が訪れました。一冊は小説で、重松清著『その日のまえに』（文芸春秋）です。この作品は、イラストの仕事をするデザイナーの主人公と妻、家族の物語です。妻は若くして死亡するのですが、「その日」のために、「アルバムの写真も残しておくものと処分するものに分けた。遺影も自分で決めます。棺に入れるのは家族全員の写真、そして夫婦の写真」としたのです。死ぬ前（その日）を迎える人の冷静さ、「その日」を迎える家族の悩みと葛藤が良く描かれていました。

小説を読みながら涙、涙、涙でした。このようなことはあまり体験したことがありませんでしたが、「死ぬ準備」をきちんとして、「その日」を迎える大切さを教えてもらった一冊でした。

もう一冊の本は、相川充著『愛する人の死、そして癒されるまで』（大和出版）です。この作品は、妻に先立たれた心理学者の「悲しみ、癒し、生き方」が述べられた本でした。この本の中に次のような文章があります。

葬儀は遺された者の快復という観点からすると、どのような形にしろ執り行うべきものです。第一に葬儀は大切な人が現実に亡くなってしまったということを、遺された者が実感する機会となります。第二に葬儀は遺された者に『自分ひとりではない』と感じさせてくれます。家族や親類が集まってくる、同僚が仕事を休んで弔意を表わしに来てくれる、隣近所の人が葬儀の手伝いに来てくれる、…死別の衝撃に打ちのめされても、自分は会社の一員であり、その中へ復帰していかなくてはならないことも実感できます。第三に葬儀は故人への思いや悲嘆の感情を公に表現する機会になります。心の傷を癒すには、故人への思いや感情を表現することが重要だと言われています。第四に葬儀は遺された者が故人の人生を振り返り、故人との関係において自分自身を見直す機会にもなります。以上の四つの働きは、いずれも葬儀が公的なものであることに由来します。死別は私的な体験ですが、会葬者を集めて行う葬儀は公的なものです。その公的色彩ゆえに葬儀は遺された者に公的な場面への復帰を促すのです。

私はこの著作から死別体験を人に話したり、書いたり、伝えたりすることは悲嘆からの快復に大きな効果があることを知りました。「その日」のために準備する大切さと、「その日」のことを伝え残すこと、広く友人・知人・親類だけでなく、人生に深く関わった人々に対し「自分の人生はこうだった」と宣言する仕組みの必要性を感じた私は、エンディングＢＯＸを発想したのです。

エンディングBOX

葬儀の時にお客様が困ることにどのようなことがあるでしょう。細かいやり方については もちろんお客様は不案内ですが、そのほかに、①遺言の有無を両親に聞いておきたい、②エンディングノートを書き残してほしい、③「生前予約」（葬儀社の事前選定）をしてほしかったなどが考えられます。

一方で、日本人の寿命が延びたことで、私たちは人生の後半における不安や判断能力の低下に対して、知恵を出して生きていく必要があります。適切な遺言をしないまま、あるいは子どもたちに言い残しておきたいことがあるのに、それをしないまま、病などでそれらができない状態になってしまうということも、これから多くなるでしょう。

これらのことを考え合わせると、エンディングノートの重要性が浮き彫りになってきます。

生きた証として残し、人生で触れ合った人に感謝を表し、有縁社会を実感するものとしてお客様に書いていただくのがエンディングノートであり、具体的には次のような内容が盛り込まれます。

一、葬儀についての考え方（必要の有無など）。
二、自分の人生の整理。
三、介護・看病についての希望。
四、病名告知・献体についての考え方。
五、生前予約。
六、遺言。
七、「ありがとう」のメッセージ。
八、法事・仏壇・お墓について。
九、自分の人生について（自分史・わが家のルーツ）。

十、友人・知人・会社関係リスト。
十一、親類・縁者リスト。
十二、「自分の人生」を新聞に残す。
十三、その日（葬儀）のサービスについて（生演奏・人生ドラマを映像で）。
十四、「共済」、生命保険の有無。

このエンディングノートに加え、登録者のプロフィール、友人・知人の登録とメッセージカード、写真・ビデオ、個人の日記などをまとめたものがエンディングＢＯＸです。このエンディングＢＯＸはデータ化し、バーチャルの世界に保存しておくことも可能です。ここからバーチャル上のメモリアル（バーチャルお墓）をつくるということへも発展していくでしょう。

これまで、マーケットの囲い込みとして考え出されたマーケティングツールとして冠婚葬祭互助会がありました。これが機能しなくなりつつある中、新しいマーケットの囲い込みツールとして提案したいのがエンディングＢＯＸなのです。

葬儀事前相談などでこのエンディングＢＯＸをアピールし、エンディングＢＯＸに無料で登録してもらっておく。それが将来のビジネスへとつながるのです。つまり、マーケットの囲い込みをしてしまうということなのです。

そして、このエンディングＢＯＸをもとにして、冠婚葬祭互助会の契約や少額短期保険の契約へとつなげ、さらに葬儀時には、葬儀の施行だけでなく、訃報連絡代行サービス、オリジナル会葬礼状、葬儀後の各種代行業務、遺品整理事業などへとつなげていくことができるのです。

このように、有縁社会を構築して、葬儀事前相談、エンディングＢＯＸなどを武器に新しいビジネスモデルをつくってブルー・オーシャン戦略を展開していく。これがこれからのわが社の葬儀ビジネスです。

新しい冠婚葬祭互助システムの再構築というストーリー

冠婚葬祭ビジネスにあって黄金のビジネスと思われていた冠婚葬祭互助システムは、現在崩壊の危機にあります。

まずは、日本の人口動態の変化です。少子高齢化、晩婚化、非婚化が進み、一方、離婚率が増加しています。日本の女性が産む子どもの平均数が一・二九人ですから、当然婚姻率も低下します。

それでも、ホテル、ハウス系結婚式場は増加の一途です。結婚情報誌『ゼクシィ』の影響もあります。このようなマーケットの加熱の中で、ブライダルマーケットでの黄金のビジネスモデルとして復活する成長モデルが求められています。

フューネラルマーケットは人口動態の少子高齢化の波をモロに受けています。現在社会現象として、直葬・家族葬の流行があります。マーケットのシェアは拡大したとしても、売上は大幅に減少しています。

加えて、冠婚葬祭互助会というシステム維持のためには過当なコスト負担が求められています。時代の現象としての募集コストアップ、会員管理コストアップ、前受金保全コストアップ、解約コストアップ、そして税コストアップです。

経済産業省の消費者保護行政下で、改正徳商法の施行（平成二十一年十二月）、消費者庁の設置（平成二十一年九月）があって、時代の大変化も含めて新しいビジネスモデルの確立が求められています。現在、社団法人全日本冠婚葬祭互助協会では標準契約約款の改訂作業を進めています。ここで思い切ったシステムの再構築が求められるはずです。

二十一世紀に入ってPCの進化は目を瞠《みは》るものがあり、最近ではiPadという機器を誕生させました。ソフトウェアの面では、インターネットの大流行、フェイスブックの普及もあって、あらゆるビジネスが大変化しています。

もともと冠婚葬祭互助システムは、冠婚葬祭ビジネスにあって、「経済性と合理性」を求めて誕生したものでした。それゆえにマーケットの囲い込みに成功したわけです。そして、フューネラルビジネスにあって、冠婚葬祭互助システムは、まだまだ有効と思えるのです。マーケットの過当競争に「勝ち抜く」戦略として、ITを使った顧客の囲い込みの視点で、今後のビジネスを構築すべきだと考えます。

IT戦略として求めるものは次のようなものです。

一、ブライダルマーケットでの一番店づくり（ネットでの新しい集客の仕組みづくり）。

二、フューネラルマーケットでの一番店づくり（良質な顧客の囲い込み・特にネットによる）。

三、既会員とのコミュニケーション網の確立と葬儀施行率のアップ、売上アップ。
四、葬儀会葬者の拡大と売上アップ。
五、無縁社会を有縁社会にする社会運動。
六、葬儀文化の継承（生命のバトンタッチ）。
七、自分の人生、生きた証拠、メッセージを永遠に残す（エンディングＢＯＸ）。

エピローグ

社長の四つの自覚

会社を強い体質にするには若い社員たちの現場力が何よりも大切ですが、会社を一つにまとめ、同じ方向に力を合わせて向かわせるには、しっかりとした哲学、ビジョンを持った社長の存在も欠かせません。

私は、稲盛和夫氏から学んだ、社員と心を一つにし、会社の発展と社員の幸福、それに社会貢献を実現する心の経営をいつも心がけています。そしてそのために、私は、次の四つの社長としての自覚を持ち、日々精進しています。社長や経営幹部には、これらの自覚が求められるのです。

一、「会社が伸びる条件は社長の器にかかっている」と自覚すること。

会社経営にはまず理念が必要です。理念とは事業を通じて社長が自己実現したいこと、つまり、社長がこれをやり遂げたいと望むものです。社長が自分の器をもって会社に利益をもたらした結果、実現する目標です。企業経営では、まず儲けることが第一です。自分の会社を伸ばすためには、まず社長が変わる必要があります。社長の器を大きくする努力をすることです。器が大きくならなければ業績は上がりません。ただし、器以上のことをしてはなりません。器以上の見栄ははらず、器に合った投資をする。そうすることで高収益企業が作られています。

二、「経営理念のない社長に魅力はない」と自覚すること。

企業の経営戦略は、企業の持つ経営理念に基づいて策定されます。しかし、中小企業においては、経営理念が明文化されていない企業が多いものです。

経営理念は企業理念とも言われ、「企業の経営の目的、要するに存在意義、存在理由、使命等の基本的な価値観を文章化したもの」です。社是、社訓を定めている企業がありますが、それも経営理念の体系に含まれます。

経営理念を定めるには、まず社長が自分なりの価値観を確立することが大切です。経営理念と経営ビジョンはよく混同されますが、経営ビジョンとは企業の進む方向を表したものです。企業理念のピラミッドを考えると、一番上が経営理念（企業理念）であり、その下に経営ビジョンが位置し、さらにその下に事業領域（ドメイン）、経営戦略と続きます。

社長は企業の基本的な考え方や、経営に対する考え方を誰にでもわかる易しい言葉で表明しなければなりません。

三、社長は儲かる仕組みを作ること」(新しいビジネスモデルを作る)と自覚すること。

会社は儲からなければなりません。儲からなければ勝ち残れないからです。儲け＝売上ではありません。

社長は、儲かる仕組みを探す必要があります。新しい事業を作り出し、商売のやり方を考え、儲かる仕組みを作ること、これが中小企業の社長に迫られている緊急課題なのです。そのためには経営改革を行う必要があります。これを実行するには、従来のやり方への過信を捨てる、経営姿勢を転換する、経営環境の変化をつかむというような社長自身の意識改革が行われなければなりません。

四、「経営環境の変化に対応できないと失敗する」と自覚すること。

利益が出ない会社には、利益が出ないそれなりの理由があります。それは、社長が経営に一所懸命でないからです。

利益が出なければ理由を明らかにし、利益が出るようにするのが社長の仕事です。「利益のことを考えない」、「利益のことを忘れている」社長は、「どうやって利益を出せばいいかがわからず」過去のやり方を続けてしまいます。そのために、経営環境の変化に対応していない戦略で、多くの損失を発生させてしまいます。

いかに過去において有効な戦略があったとしても、時代が変わり、経営環境が変化すれば何の役にも立たなくなります。時代の変化、環境の変化は会社を潰してしまいかねないほど恐ろしいものです。社長は時代の変化の兆候をつかむことです。

私はこの四つを常に心に留め、経営にあたっています。

また、経営者は、すばらしい経営を行い、幸せな人生を生きるために六つの精進に心掛けることも必要です。

①誰にも負けない努力をする（努力を重ねれば創意工夫が生まれる）。
②謙虚にして驕らず（生きていく上で大切な資質です）。

③反省のある毎日を送る（反省して魂を清化する。心の庭を耕し、整理する）。
④生きていることに感謝する（感謝の言葉は自他の心を和ませる）。
⑤善行、利他業を積む（よい行いを積むことが幸運をもたらす）。
⑥感性的な悩みをしない（失敗は反省の後忘れる）。

社員に約束している二十か条

社員の心を一つにするには、これだけは守る、実行するというものを公にしておかなければなりません。そうでないと、社長がどれほど偉そうなことを言っても、社員は納得してくれないでしょう。私が社員に約束しているのは次の二十カ条です。

一、率先垂範して働く。
二、常に社員の幸せを考える。
三、会社の方針を明確にする。
四、社員の誇りを守る。

五、全肯定で考える。
六、社員の個性を生かす。
七、衆知を集める。
八、信賞必罰で臨む。
九、即断即決する。
十、日々反省と感謝する。
十一、目標達成にこだわる。
十二、率先して挨拶する。
十三、優れた人に学ぶ。
十四、ヤル気のある社員に機会を与える。
十五、社内報を書く。
十六、常に勉強する。
十七、健康に注意する。
十八、冒険的拡大主義をしない。
十九、公私混同しない。

二十、社会貢献する。

また、私自身の自戒をこめて「チェックリスト」を常々持ち、日々反省しています。

チェック項目は次のようなものです。

私のチェックノート

一、おい、超ワンマンになってないか？
二、おい、数字嫌いになってないか？
三、おい、派手好きになってないか？
四、おい、目立つな。派手になるな。地味こそ味方と思え。
五、おい、拡大志向は誇大妄想だ。自分の度量より企業を大きくしてはいかん。
六、おい、公私混同するな。会社は自分のものではない。社員のものだ。会社は社員の人生だ。
七、おい、周りはイエスマンだらけではないか？

八、おい、消極策に進歩はないぞ。明るく勤勉に前向きで。
九、おい、コミュニケーションやってるか？
十、おい、過去の成功体験はダメだ。自分を過信するな。
十一、おい、名誉職を好むな。会社に益しない名誉職は断われ。
十二、おい、懐古趣味は捨てよ。「青春する心」を持て。
十三、おい、明るく、笑顔、勤勉が命だ。
十四、おい、考え方にはウラとオモテがある。忘れるな。
十五、人間は謙虚が一番。言葉遣いに注意せよ。
十六、おい、人間はいつも試されているぞ。また、見られてるぞ。

人生に「必要な荷物」は「学ぶ意志」

人生には「必要な荷物」と「いらない荷物」があるようです。

人生に不必要な荷物は、嫉妬や競争心、怒りや恐れ、悪口や否定、迷いや逡巡あるいは一流大学を出たというプライドです。高い地位や肩書きも重荷です。引っ込みグセ、弱気、消極性も必要ありません。
「人の一生は重き荷物を負うて遠き道を行くが如し。急ぐべからず」とは徳川家康の言葉でした。しかし、どうせなら重い荷は置いて歩いていきたいものです。私たちの「重い荷物」とはビジネスの常識、業界の慣行、業界の常識、思い込みです。

ビジネスや人生は難行苦行ではありません。ただ一つ言えることは、「下りのエスカレーターに乗って上に行こうとしないこと」です。アメリカの億万長者ロバート・アレンのベストセラー『ロバート・アレンの実践！ 億万長者入門』（フォレスト出版）の中に「下りのエスカレーターを上る」というコンセプトがあります。下りに進むエスカレーターを駆け上ろうとすると、遅々として進まない。上りのエスカレーターに乗ってビジネスは展開すべきです。ビジネスで成功したいと思う意志さえあれば、人生を切り拓いていけるものなのです。

人生に大切なのは「意欲」という大欲です。欲あってこその人生で、欲しがらなければ死んでいることと同じです。「金持ちになりたい」、「出世したい」、「大きな家に住みたい」、「いい女（男）と結婚したい」、「周りから羨ましがられたい」という欲は、人生に必要な荷物です。そして人生に何よりも「必要な荷物」とは「学ぶ意志」です。

これがなくなった人は進歩しません。年齢に関係なく、絶えず学ぶ。これが人を成長させ、成功へと導くのです。既に述べたように、私は稲盛和夫氏をはじめいろいろな人から学び、それが今日の私とラックをもたらしています。学ぶ意志がいかに大切か、私自身がそれを証明していると言えるでしょう。

『坂の上の雲』について思うこと

司馬遼太郎さんの小説に『坂の上の雲』というものがあります。実は私が二十八歳から三十歳頃に夢中になって読んだ本の一つが、この『坂の上の雲』と司馬遼太郎さんの作品群です。

現在の会社、ラックの前身・西日本ウエディングセンターを創業したのが昭和四十二年でした。私はまだ二十六歳で福岡大学大学院生でした。会社はまだまだ小さく、零細でした。人を採用したくて募集しても応募がない、といった状況でした。日本経済は高度経済成長時代を邁進していました。そのような時代にこの本を知ったのです。

私は熱心に読みふけりました。まず、この作品の書き出しが気に入りました。「まことに小さな国が、開花期を迎えようとしている」というフレーズが私の会社とダブったのです。「まことに小さな会社が、いまスタートしようとしている……」と。時代も明治です。私は昭和十六年生まれですが、明治という時代は、そう遠い存在ではありません。いえ、実は非常に近い時代のように思えたのです。それに、司馬遼太郎という作家が明治という時代を「非常に前向きに、積極的に肯定的」に書いてくれていました。

第二次世界大戦を敗戦で迎えた私たちは、戦争というものに嫌悪感を抱いていました。日露戦争も同様でした。日本は戦争に負けてボロボロになって、やっと高度経済成長期に入ったばかりの頃、この作品が世に出たのです。この作品はいわば明治時代の成功物語で感動もひとしおでした。

私たちは成功物語に接すると、気分が高揚します。たとえば、昨年度「リッツファイブ」は七月・八月休館して三バンケットにしました。そして、三バンケット六百組獲得にチャレンジしてこれを達成しました。これも、一種の成功物語です。実にすがすがしい三バンケット稼働率日本一の達成ですから、気分が高揚します。

『坂の上の雲』(文春文庫)八巻のあとがきの中に、司馬遼太郎さんの思いがあります。少々引用してみます。

明治は、極端な官僚国家時代である。われわれとすれば二度と経たくない制度だが、その当時の新国民は、それをそれほど厭《いと》うていたかどうか、心象のなかに立ち入ればきわめてうたがわしい。社会のどういう階層のどういう家の子でも、ある一定の資格をとるために必要な記憶力と根気さえあれば、博士にも官吏にも軍人にも教師にもなりえた。そういう資格の取得者は常時少数であるにしても、他の大多数は自分もしくは自分の子がその気にさえなればいつでもなりうるという点で、権利を保留している豊かさがあった。こういう「国家」というひらけた機関のありがたさを、よほどの思想家、知識人もうたがいはしなかった。

しかも一定の資格を取得すれば、国家生長の初段階にあっては重要な部分をまかされる。大げさにいえば神話の神々のような力をもたされて国家のある部分をつくりひろげてゆくことができる。素姓さだかでない庶民のあがりが、である。しかも、国家は小さい。

政府も小世帯であり、ここに登場する陸海軍も、そのように小さい。その町工場のように小さい国家のなかで、部分々々の義務と機能をもたされたスタッフたちは世帯が小さいために思うぞんぶんにはたらき、そのチームをつよくするというただひとつの目的にむかってすすみ、その目的をうたがうことすら知らなかった。この時代のあかるさは、こういう楽天主義《オプティミズム》からきているのであろう。このながい物語は、その日本史上類のない幸福な楽天家たちの物語である。やがてかれらは、日露戦争というとほうもない大仕事に無我夢中でくびをつっこんでゆく。最終的には、このつまり百姓国家がもったこっけいなほどに楽天的な連中が、ヨーロッパにおけるもっともふるい大国の一つと対決し、どのようにふるまったかということを書こうとおもっている。楽天家たちは、そのような時代人としての体質で、前をのみ見つめながらあるく。のぼってゆく坂の上の青い天にもし一朶《いちだ》の白い雲がかがやいているとすれば、それのみをみつめて坂をのぼってゆくであろう。

私が最初に『坂の上の雲』に接してから四十数年の時を経て、七十歳の老人となってしまいました。しかし、胸にはあの「青雲の志」を得て会社を創業した時代の気分が滾《たぎ》ってきます。ＮＨＫスペシャルドラマ『坂の上の雲』で、役者・本木雅弘に言わせた台詞に私は感動しました。それは、秋山真之の言葉、「自分が一日怠けると、日本が一日遅れる」です。「あなたが一日怠けると、会社が一日遅れる」。この気持ちは私も社員も忘れてはならないものだと思います。

私の座右の銘、心の座標軸

最後に、私の座右の銘と心の座標軸を記しておきましょう。座右の銘は「雄気堂々」、心の座標軸は、前述したサミュエル・ウルマンの詩「青春」です。もう一度ここに書いておきましょう。

青春

青春とは人生の或る期間をいうのではなく
心の様相をいうのだ
優れた創造力　逞《たくま》しき意志

炎ゆる情熱　怯懦《きょうだ》を却《しりぞ》ける勇猛心
安易を振り捨てる冒険心
こういう様相を青春と言うのだ

年を重ねただけで人は老いない
理想を失う時に初めて老いが来る
歳月は皮膚のしわを増すが
情熱を失う時に精神はしぼむ
苦悶や　孤疑や　不安　恐怖　失望
こういうものこそ恰も長年月の如く人を老いさせ
精気ある魂をも芥《あくた》に帰せしめてしまう

年は七十であろうと　十六であろうと
その胸中に抱き得るものは何か
曰く　驚異への愛慕心　空にきらめく星辰《せいしん》

エピローグ

その輝きにも似たる事物や思想に対する欽仰《きんぎょう》
事に処《しょ》する剛毅な挑戦　小児の如く求めて止まぬ探究心
人生への歓喜と興味

人は信念と共に若く　疑惑と共に老ゆる
人は自信と共に若く　恐怖と共に老ゆる
希望ある限り若く　失望と共に老い朽ちる
大地より　神より　人より
美と喜悦　勇気と壮大
そして偉力の霊感を受ける限り人の若さは失われない

これらの霊感が絶え
悲歎の白雪が人の心の奥までも蔽いつくし、
皮肉の厚氷がこれを固くとざすに至れば
この時にこそ人は全くに老いて

神の憐れみを乞うる他はなくなる

（サミュエル・ウルマン作／奥田義夫訳）

私は天寿を全うした後、天から課せられた使命を全うした後、社長人生を堪能し、悔いのない人生を送った後、私の墓標名に「一生を青春して過ごし、稲盛哲学を学んだ男ここに眠る」と冠して眠りたいと思っています。与えられた人生に感謝し、多くの人々の助けに感謝し、私の経営モデルを示唆していただいた稲盛和夫氏、神田昌典氏、小阪裕司氏、宮田矢八郎氏に感謝し、静かに眠ることにしたいと念じています。私の人生は多くのピンチがありましたが、稲盛和夫氏との出会いによってチャンスへと変化しました。ありがとうございました。

〈著者略歴〉

柴山文夫（しばやま・ふみお）

昭和16年、熊本生まれ。41年、福岡大学卒、同大学院法学研究科にて学ぶ。42年、現・ラック創立。膨大な読書量と旺盛な好奇心の持ち主。自称「人間だいすき人」。血液型はB型。志の高い人材を広く求めている。

㈱ラック代表取締役社長、㈳全日本冠婚葬祭互助協会前会長、福岡平成ロータリークラブ理事・副会長、盛和塾本部理事、盛和塾「福岡」代表世話人。

平成21年、稲盛経営者賞受賞（非生産部門・売上高50億円未満の部　第1位）、23年、旭日小綬章を受ける。

ストーリーで語る強い会社の創り方

平成二十三年八月三十一日第一刷発行

著者　柴山　文夫
発行者　藤尾　秀昭
発行所　致知出版社
〒150-0001東京都渋谷区神宮前四の二十四の九
TEL（〇三）三七九六―二一一一
印刷　㈱ディグ　製本　難波製本
落丁・乱丁はお取替え致します。　（検印廃止）

ISBN978-4-88474-937-8 C0034
ホームページ　http://www.chichi.co.jp
Eメール　books@chichi.co.jp